编 委 会

朱家礼◎主编

XIAOXUE KEXUE
KETANG XUEXI
YU KELI YANJIU

小学科学课堂学习与课例研究

北京师范大学出版集团
BEIJING NORMAL UNIVERSITY PUBLISHING GROUP
安徽大学出版社

图书在版编目(CIP)数据

小学科学课堂学习与课例研究/朱家礼主编. —合肥:安徽大学出版社,2017.1(2020.6 重印)
教师教育系列教材
ISBN 978-7-5664-1150-1

Ⅰ. ①小… Ⅱ. ①朱… Ⅲ. ①科学知识—课堂教学—教学研究—小学 Ⅳ. ①G623.62

中国版本图书馆 CIP 数据核字(2016)第 157209 号

小学科学课堂学习与课例研究 朱家礼 主编

出版发行: 北京师范大学出版集团
安 徽 大 学 出 版 社
(安徽省合肥市肥西路 3 号 邮编 230039)
www.bnupg.com.cn
www.ahupress.com.cn
印　　刷: 旭辉印务(天津)有限公司
经　　销: 全国新华书店
开　　本: 170mm×240mm
印　　张: 15.75
字　　数: 224 千字
版　　次: 2017 年 1 月第 1 版
印　　次: 2020 年 6 月第 2 次印刷
定　　价: 34.00 元
ISBN 978-7-5664-1150-1

策划编辑: 姜　萍
责任编辑: 方　青
责任印制: 陈　如
装帧设计: 许润泽
美术编辑: 李　军

总序

随着全球化和信息化的不断拓展、教育理念的更新，传统的教师发展观越来越不适应教师职业发展的现状。近年来，关注教师实践性知识、真实课堂教学问题、开展行动研究、构建教师研究共同体等成为教师专业发展的主要方向。在这一过程中，教师不再单纯地实践和执行教学知识和理论，而是追求基于自己的教学情境、教学体验和团体合作来不断推进教师的共同发展。其中，最为典型的是20世纪末在日本基础教育界兴起的"课例研究"和本世纪初在香港基础教育教师专业发展中推广的"学习研究"，这两种研究都是基于一线教师真实课堂教学环境开展的一种行动研究，本质上具有一定的前后继承关系。课堂学习和课例研究也逐渐成为很多国家和地区有效促进教师专业发展常用的方式。近年来，随着我国基础教育教师专业发展培训机制不断深入的推广，越来越需要在理念和方式上进行变革，改变长期以来的高投入、低产出，理论与实践脱节严重的现象，因此，引入一些当前较为先进的理念和方法，并加以借鉴，是一个比较切实可行的方法，也可以帮助解决目前教师专业发展培训模式可能带来的一系列问题。

适应这一教师教育的需求，“教师教育系列教材·有效教学研究丛书”面世了。丛书是合肥师范学院、合肥学院学科教学论教研室、教师教育学院部分教师以及来自基础教育一线的教研员或优秀教师通力合作、认真研究的成果。此套丛书的问世或许能够更好地服务于在我国即将开始的“全面启动实施卓越教师培养计划”（2014 年 8 月，教育部颁布了《关于实施卓越教师培养计划的意见》〔2014〕5 号），更好地服务于职前职后基础教育教师的培养培训。

“教师教育系列教材·有效教学研究丛书”由 8 本既相对独立又相互关联的分册组成。它们是：周琴主编的《教师职业道德》、吕明主编的《教育法律法规》、江芳等主编的《校本教学研修问题与指导》、杨增宏等主编的《小学语文课堂学习与课例研究》、栾庆芳主编的《小学数学课堂学习与课例研究》、蒋道华主编的《小学英语课堂学习与课例研究》、朱家礼主编的《小学科学课堂学习与课例研究》、胡玉娟主编的《中小学信息技术课堂学习与课例研究》。有的分册实行双主编制，一部分来自高等院校长期从事学科教学论研究和教育理论研究的教师，另一部分来自基础教育一线的教研员或优秀教师。丛书的立足点是基于教师专业标准、教师教育课程标准、符合基础教育课程改革特质，旨在实现理论与实践的结合、高师院校与基础教育学校的结合。使在职的一线教师既能规范熟练地掌握教育教学技能，又能保持理论的兴趣，穿行于理论与实践之中，形成难能可贵的教师思维，获得持续的专业成长力。

《教师职业道德》共分为四个专题：道德与教师职业道德、教师职业道德原则、教师职业道德规范、教师职业道德修养和教师职业行为。本书在深刻领会习近平总书记系列重要讲话精神的基础上，围绕《中小学教师职业道德规范(2008年修订)》《教育部关于建立健全中小学师德建设长效机制的意见》《教育部关于印发中小学教师违反职业道德行为处理办法的通知》等,对教师职业道德的内涵、特征和功能、教师职业道德的原则、教师职业道德的规范,教师职业修养的意义、原则、方法以及教师课堂行为、师生交往行为的意义和规范要求进行了深入解读。

《教育法律法规》共分为七个专题:教育法原理、《中华人民共和国教育法》解读、《国家中长期教育改革和发展规划纲要(2010—2020年)》解读、《中华人民共和国教师法》解读、《中华人民共和国义务教育法》解读、《未成年人保护法》解读和《预防未成年人犯罪法》解读。本书重点对教育法的基本原理以及教师职业生活中的相关法律法规进行了深入解读,有利于中小学幼儿园教师贯彻依法治国的理念,加强和改进思想政治工作、推进社会主义核心价值观教育,切实增强他们依法治教、依法执教的意识与能力。

《校本教学研修问题与指导》共分五个部分,第一部分简要概述校本教学研修的意义、内涵、流程、缺失和应对策略。第二至第五部分分别聚焦教学设计研修、教学行为研修、学习指导研修、教学反思研修等问题,在全面介绍、归纳和分析的基础上,逐一提出研修的策略。本书重点在于提升一线教师校本教学研修的实战能力,所以在谋篇布局上,突破了传统的框架与结构定式,每一部分按照"问题概述——问题诊断——方法指导——实战案例"的架构展开,意在围绕校本教学研修实践中的问题,找出症结,在理论点拨的基础上找出解决方法,并借助典型案例,加强理论与实践的结合,铸造一线教师校本教学研究的意识与能力。

《小学语文课堂学习与课例研究》《小学数学课堂学习与课例研究》《小学英语课堂学习与课例研究》《小学科学课堂学习与课例研究》《中小学信息技术课堂学习与课例研究》每本书20万字左右,分两部分。第一部分是理论分析。阐释课堂学习与课例研究的基本特征、内涵以及二者的关系等，为学科课堂学习与课例研究铺垫学理基础。第二部分是经典课堂学习与课例研究展示及透析。各学科教学课例在内容上兼顾不同题材的教学案例，如：语文教学是以阅读教学为主，兼顾拼音教学、识字写字教学、写作教学、口语交际教学等。课例透析力图以简约的形式对该教学设计的内容、格式、特色等进行梳理，为读者学习、模仿指明路径。

本系列丛书是安徽省高校省级人文社科重点研究基地重点招标项目“基于教师教育课程标准的实践性课程资源库建设研究”（SK2014A087）、安徽省振兴计划重大教改项目“师范院校与中小学‘无缝对接’教师教育模式建构与实践”（2014ZDJY099）的研究成果之一。

本系列丛书适合我国基础教育改革对教师培养、培训的要求，适应中小学教师专业标准下的高等师范院校教师教育课程改革的需要。

本系列丛书在写作过程中参考、引用了国内外有关研究成果和文献资料，在此对这些著作权人和作者表示敬意和感谢。

由于我们水平的限制，本书的不足和问题一定存在，敬请各位同仁和读者提出宝贵意见和建议。

2016 年 5 月

前言

实现课堂教学的有效是教者的毕生追求。然而，在相当长的时间里，人们普遍把精力投放到了教师怎么教上。因而出现只有不会教的老师，没有教不会的学生的言论。在这样背景下，教师教得累，学生学得苦。其实，在很大程度上，我们根本没有关注学生都学了什么，怎么学的，学生学习到怎样的程度才算有效。

随着人们将教学研究的目光逐步聚焦于课堂，催生了课堂学习研究思想与实践，不同的课堂学习研究取向也纷纷发展起来。在课堂上，人们不再单纯地追求教材内容，而是把大量的目光投向了学生的“学习内容”。这个“内容”已经不是教科书的内容，而是在课堂上呈现的学习内容，实践中表现出来的学习内容，以及学生个体体验、体悟到的学习内容。而这样的内容呈现与把控者——教师的专业水平的关联性尤为突出。

课堂学习研究与课例研究均是促进教师专业发展的一种行动研究。

课堂学习研究突破了我们的常规教学研究，在广大教师互助研讨、观课、磨课的基础上，引入了专业研究人员的智慧。既有“自下而上”的需求，又有“自上而下”的指导，实践与理论在课堂学习研究中成功对接。本丛书即讲清了什么是学科学课堂学习研究，也阐述了小学科学学习研究的方法和步骤。对广大一线教师具有直接而具体的指导作用。

课例研究是实现一定主题的课堂学习研究，是提升教师专业水平和科研水平的重要方法和途径。本丛书整合了该领域研究的精髓，以及作者多年课例研究的成果，阐述了课例研究的一般要求、案例撰写的要素构成等，也是一线教师不可多得的宝贵资源。

关注课堂学习效果，绕不开学业质量标准。关于小学科学学业标准，目前还没有看到全面、系统的阐述。本丛书依据义务教育小学科学课程标准（征求意见稿）和全日制义务教育科学（3—6年级）课程标准（实验稿），从“科学知识”“科学探究”“科学态度”和“科学、技术、社会与环境”四个维度，结合学生实际，分三个学段，分别提出了两个层次的标准，并针对学业标准，提炼了关键教学问题及解决策略。

本册内容概括起来主要有两大特点：第一，实践性强，课例来源于一线教师，大多数课例都是作者长期实践的结晶；第二，系统性强，本删内容包括了课程概述、学业标准及解读、教学关键问题及指导、典型课例研究以及成功教学课例。这是一本比较系统而全面的小学科学教学研究指导用书。

钟能政

（安徽省教科院小学科学、中学生物教研员）

2016年4月

目录

第1部分

小学科学课堂学习研究与课例研究概述

1

1 什么叫科学课堂学习研究

1-1 小学科学课堂学习研究的内涵

近年来，人们将教学研究的目光逐步聚焦于课堂，于是催生了课堂学习的研究思想与实践。课堂学习研究是由香港教育学院院校协作与课堂学习研究中心发起的，旨在促进教师专业发展的一个研究项目。课堂学习研究的核心是通过学科老师的协作和观摩活动提升教学水平，并通过院校协作的模式，在专家的引领下，让教师在行动研究中，寻找改善教学的方法，以期提高学生的学习效果，同时促进教师进行课堂教学观摩和分析，提高教师解决教学问题的能力。

“科学课堂学习研究”，是课堂教学研究模式在小学科学课堂教学研究中的应用。这种研究行动，就是聚合教师、教育研究人员的集体智慧，针对每一节课的教学内容、针对学生的学习困难来集体备课、教学观摩、协同互助、系统反思，其目的就是通教研活动更有效地促进科学教师的专业发展。

“科学课堂学习研究”也是一种优化教与学的评估实践，在科学课堂学习研究中，以课堂教学为出发点，分析探讨一个教学活动的整体过程和多个循环(前测学生已有知识、明确学生需求、确定学习内容、教师备课分享、具体施教、课后访谈和会议,之后再修改备课,再施教),在这个过程中评估真正达到促进教与学的目的。在评估中发现学生的已有知识水平,并将其作为教学的起点;在评估中发现学生的学习难点,并依此适当调整教学的内容;通过评估发现学习有困难的学生,并通过访谈了解学生的认知障碍,逐步探究改进教学的方法。课堂学习研究可以帮助我们转变对课堂评价的观念,从关注教师的"教"转向更多地关注学生的"学"。

"科学课堂学习研究"是科学教师行动研究的一种形式,科学教师既是教育者又是研究者,通过行动进行反思,通过反思进行更有效的教学。"科学课堂学习研究"又是科学教师协作式学习的一种方式,科学教师通过共同备课、课前课后会议交流分享以及观课、评课等协同工作,达到共同提高的目的。"课堂学习研究"对提高教师的教与学的专业素养、促进素质教育的有效实施,具有重要的理论价值和现实意义。

"科学课堂学习研究"是一个有助于教师专业发展的平台。"教育改革"和教师的专业发展存在着相互依存的关系,主持教育改革者必须考虑教师在落实教改理念的时候,现实环境能否支持教师完成改革。有研究显示,当下有三种因素会阻碍高品质教育教学的发展。这三个因素是:缺乏对教师专业发展的支持;理论与实践之间有差距;缺少一种简单而且能够作为教学设计指导原则的学习理论。"科学课堂学习研究"为我们找到了一个解决科学教师专业发展的问题的途径。

"科学课堂学习研究"本质上也是一种教育、教学行动的研究,具备一套严谨而科学的研究流程。研究过程不仅能够提升科学教师进行教学研究的能力,而且能帮助科学教师提升系统性的反思能力。"科学课堂学习研究"是一套以"变易学习理论"联系"教"与"学"的理论框架,有助教师进行反思性学习。该理论提出了"学习内容"和"关键特征"的概念。科学教师只有先学习此理论,才能够根据理论框架设计出恰当的变易图式。

什么是"变易学习理论"?"变易理论"是关注学习在教学情境中如何可视化的方式。变易学习理论认为,利用变易来使得现象从环境中的其他事情中凸显出来，并展现该现象的内部结构，这有助于学习者理解学习的现象。

“变易学习理论”主要关注学习者对学习内容的变易性的理解和理解的转变。该理论强调学到了什么？这是变易学习理论的基础。经验的变易意味着辨别重要方面的不同，能同时辨别出学习的不同方面对学习的重要性。学习本身也是一种辨别和区分。但是怎样才能辨别出重要的方面呢？按照“变易学习理论”的观点，学习最重要的是做出区分，辨别出的不同即是变易的维度，同时辨别出的不同方面就是变易的多维度的一个模式。

“课堂学习研究”是基于课堂实践来实施变易学习理论的观点，可以看作与变易学习理论一脉相承的实践形式。包括三个方面的内容：关注学习内容、把学习看作一种理解的方式、基于三种变易。

关注学习内容：课堂学习研究认为，我们不可能脱离学习内容而谈论学习，课堂学习研究的核心关注点首先是学习内容，其次才是教学的策略与方法。

学习作为理解事物的一种方式：学习的核心目的即是促成学生的理解。课堂学习研究旨在通过对学习内容的变易性处理，让学生经验到学习内容的各个方面，帮助和激发学生对学习内容的真正理解而不单是表象感知。

基于三种变易：根据变易学习理论，每项课堂学习研究都是要基于三种变易来进行的。学生理解教学内容变易、教师处理特定主题的方式变易、变易本身作为教学工具。

三种变易要结合到小学科学课堂学习研究。其内涵具体体现在如下四个方面：

1-1-1　内容的恰切性

课堂上要呈现什么学习内容似乎不是问题，因为有教科书和课程标准。其实问题恰恰出在这里，教科书上的内容未必是适合学生认知发展所需要学习内容。

学习内容实际分四个层面：第一，课标和课本规定的学科学习内容。第二，教师根据学生的情况按课标、教科书的内容做的教学设计；这两个层面的内容是预设的学习内容。第三，在课堂上呈现的学习内容；这是实践中表现出来的学习内容。第四，个体学生体验、体悟到的学习内容；这是学生认知中的学习内容。毫无疑问，我们注重的应该是最后一个学习内容，只有研究了反映在学生头脑中的、个体化的学习内容的恰切性，才能不断调整预设的学习内容和实践中的学习内容。

在实际教学中，学习内容不恰切是影响教学有效性的一个主要原因。

学习内容有以下属性：一是希望学生学到的学科知识（近期目标）。二是通过学到的知识培养学生的一种特定能力（远期目标）。三是教师要考虑所学内容和学习者的关系，学习的经验能否让学生有机会更好地理解他们所处的世界（为什么要学习所学的内容，学习内容的价值）。四是学生实际学到的取决于他经历过什么，不同的学生可能有不同的学习内容体验。基于以上原因，我们研究课堂学习，务必研究学业标准，理清学段目标和年级目标以及课时目标。

1-1-2　学生的差异性

对同一现象理解的差异，造成学习成果的差异。

现象图式学认为：虽然本质上人们对某事物总是有不同的理解，但又总是假设其他人对这个事物的理解和自己一模一样。在教学中，教师常会假设：学生理解教师教学的方式，与教师所预期的是一致的，而事实又并非如此。在教学中，总会有一些重要的内容不仅需要学生当时掌握，更是他们今后学习发展的基础。一些学习成绩优异的学生，能够以特定的方法去掌握这些重要的学习内容，而有些学生则不能。这是因为面对同一事物，不同的人总会产生不同的诠释。于是面对教材和教学活动，不同的学生便有机会以不同的方法来了解、体验，这样就影响了他能否掌握该项重要的学习内容。因此，教师的首要任务是尽量保证所有的学生都能够聚焦于学习内容中的关键地方。所以，教师在“处理学习内容”的时候，务必做到以下两点：第一，理清对学生来说什么是最有价值的、最重要的和最合理的学习内容。第二，考虑好如何帮助学生恰当的理解这些学习内容，确保所有的学生都能够掌握到学习内容的关键地方。

1-1-3　关键属性

关键属性（关键特征）是指因应处理事情的目的，能让我们更好地完成任务的关键地方。一个事物会有许多属性，教师要学会分辨出哪些是导致学生在学习过程中出现困难的关键属性。教师往往以自己对所教内容的理解来代替学生的理解，所以常常找不到导致学生在学习过程中出现困难的关键属性。如：学习“四季”“日食”“月食”等知识，关键属性是地球、月球、太阳三个天体之间的运动关系。关键属性既和学习内容有直接的关系（是学习内容核心点与难点），又和学生的认知有密切的联系（有相对性）。研读教材、集体备课、课堂观摩研讨、课前预测都必须围绕“关键属性”，“找准点”，想“好策”。

1-1-4 构筑教师和学生之间的桥梁

有学者在研究日本、德国和美国8年级的数学教学中发现，在日本的课堂上，一方面能够看到“数学”，另一方面又能够看到“学生”，教师是连接“数学”和“学生”的桥梁；在德国的课堂上，教师“拥有”了数学，教师按照自己认为合适的方式将数学“分发”给学生；在美国的课堂上，可以看到教师，也可以看到学生，只见到师生的热烈互动，却唯独不见了“数学”。在“课堂学习研究”上，理想的课堂应该是“教师”和“学生”同样都是“主人”，双方都能在对方的身上找到自己在课堂上的价值，学习内容是两者之间联系的“桥梁”。（如何建构，在指导部分《例说科学课上的二元建构》中有诠释。）

综上所述，“科学课堂学习研究”是一种有效的教师专业发展策略与途径，通过相关的教研活动，加深教师对学科知识的理解，促进其教学设计、教学实践、教学评估及实践反思能力的发展。在课堂学习研究的过程中，我们应该确立“整合”的理念，把这四种维度很好地整合起来，不再单方面地关注学习动机、学习方式或学习内容，而要把它们纳入校本学习的整体视角之下进行研究，使之达到协调一致，发挥其整体性功效。与此同时，“科学课堂学习研究”亦有助于学校形成一种以分享、信任、支持、合作为中心，以共同成长为特征的校园文化，最终提升学校的教育教学品质，惠及学生终身。

1-2 科学课堂学习研究的流程

一般来讲，课堂学习研究需要经历如下的流程：

1-2-1　选取课题，初步拟定学习内容

课堂学习研究的第一步是找出要学习的内容，进而探求要解决的问题，如：学习内容与学生的生活经验或学习经验有何关系？教师希望学生获得哪些方面的知识，发展哪些方面的能力？学习内容如何能配合学科（或学习领域）的课程？教师如何根据学生的已有知识去确定学生的学习内容？有哪种知识或能力是基于这个学习内容的？在何种状况下，学生的知识迁移可能做得更好？等等。

1-2-2　找出学习内容的关键属性及确定学习内容

在设计教案时，研究者应先了解学生对学习内容的已有知识，找出可能出现的学习难点（关键属性），思考解决的方法，包括集合教师的经验、收集文献的相关资料、对学生进行前测及抽样访谈，从而为开展学习打下基础。因为如何更科学、精准地选择、加工教学内容，是保障课堂高效的前提，也是教师专业化发展的必由之路。"课堂学习研究"以关键特征的梳理切入学习内容，聚焦学习难点。在设计教学环节时紧扣关键特征，经过几个教学循环之后，及时总结反思，提高效率，最后达成让所有的学生都有良好收获的目的。

1-2-3　教学设计及课堂实践

对学生学习上的难点及学习内容的关键属性有充分的掌握后，小组成员共同确立教学策略，进行教学设计，并进行数轮的教学实践和观课研讨。

1-2-4　教学评估

对所有参与研究课的学生均要进行后测、查看学生科学课堂学习实践记录单或抽样访谈，查证学生是否已经掌握预期的学习内容。根据这些学习成果，再从课堂上找出相对应的教学情景，做出分析并提出进一步改善教学的建议。

1-2-5　撰写报告及分享成果

总结实践经验及成果，撰写成报告，并通过公开讲座等活动，与其他教师及公众分享。

以上步骤不是一成不变的，有时可能几个步骤同时进行，有时有些步骤可能反复进行数次。

1-3 科学课堂学习研究的意义

1-3-1 缩短了理论与实践之间的距离

"科学课堂学习研究"致力于促进学生的学习,教师的互相合作,就长远而言,将带动全校教师,以至学校整体的发展。这种教师专业发展模式能够协助教师生发教学实践智慧,并能深化教师对学科教学知识的理解。

"科学课堂学习研究"着重教学实践,而把理论与实践相结合是教育改革能否成功的关键。老教师的经验虽然宝贵,但要把这些经验进行提炼和推广却非常困难,因为教学实践的智慧往往是原原本本保存在课堂教学的那些细节中。而经过一些专家研究而发展出来的教学理论则往往被视为过于抽象、不切实际。要缩短理论与实践之间的距离,教师必须跟同伴对话。若教师能明确并有条不紊地将有关理论应用在学科教学当中,并认真地检讨其成效和反思整个实践过程,就可以从经验中学习,在学习中不断提升。

1-3-2 课堂学习研究可以提升教师的教学能力

追求教学的有效性的关键是备好课,备课的前提是"备学生"。变易学习理论告诉我们,学习是学习者对所学知识有看法的改变——有更高明的看法,在课堂学习研究上,我们必须重视学生对学习内容的原有看法。教师对学生的学习困难有了更深刻的了解。教学前了解学生的知识水平比备课中强调重难点更重要,也更有意义,只有这样,我们在进行教学设计中才能够做到有的放矢。

1-3-3 课堂学习研究可以提升科学教师的教研能力

课堂学习研究提为教师们供了机会,让他们经历备课、检讨、反思、改善和再施教的过程。事实上,开展每一个课堂学习研究时,研究人员都会为教师引进相关的教学和学习理论,并运用一套严谨的研究方法,带动教师搜集资料、评估学生学习成效、反思教学设计,从而使整个研究方向更明确、方法更科学。

课堂学习研究并不停留在让教师学会教好某一课，而是要让教师学会一套方法来处理教学难题，包括诊断学生的学习困难，以及评估教学成效等。换句话说，课堂学习研究作为行动研究的一种模式，能够提升教师的教研能力，促使教师熟悉所教学科的课程性质、目标、内容框架、教学和评估要求等，实现由专业引领到专业自主的转变。具体体现在如下三个方面：第一，在课堂学习研究的过程中，可以从学生的访谈中受到启发并进行积极的反思。课堂学习研究聚焦于学习内容的深度访谈，这样让教师真正了解了学生对学习内容的看法。学生的看法又往往和教师的印象有所不同，这就迫使教师对自己的教学进行深度的反思。第二，课堂学习研究强调教师之间的分享与合作，这样通过了解别人的想法来反思和改进自己的做法。第三，在运用变易理论来分析课堂教学得失的过程中，使得课堂教学的价值取向更容易集中，高效率的课堂教学更容易变成现实。

1-3-4　课堂学习研究可以促进学生的进步

有研究表明，课堂学习研究对学生的影响主要体现在如下三个方面：第一，提升了学生的学业成绩。第二，课堂学习研究照顾到了个别学生的差异，实现了学生的“整体进步”。第三，课堂学习研究对学生的后续发展产生了正面的影响。

2　什么叫科学课例研究

2-1　什么叫科学学习课例

“课例”是以课堂教学内容为载体，对一个教学问题和教学决定的再现和描述，即“讲述教学背后的故事”，是一个实际的教学例子。

2-1-1　课例与教案

课例与教案的显著区别是，教案是预案，借用英语中的说法是“将来时”；课例是已经发生过的，是“过去时”。课例不仅能体现教师的教学设计与问题处理的方式方法，也能看到教师教学实践后的改进，含有实践的总结和反思的成分。课例中应有教案的成分。

2-1-2　课例与课堂实录的区别

课堂实录是对实际发生的课堂进行客观地、逐字逐句地文本记录，是真实的课堂（文字体）再现。课例不仅仅是课堂教学实录，还要交代之所以这样教学的思路、想法、理由和认识，其中要有研究的成分。

2-1-3　课例与案例

课例仅是教育案例的一种，研究范围较为狭窄，一般只是研究在学科教学中的存在的问题以及解决问题的方法。课例和教育案例有一个相同点，就是都有一个研究的“主题”。课例是以学科教学的内容为载体、具有某个研究主题的教学实例，而非一般性的教育问题。其中“主题”正是课例所要表达的灵魂（研究的成分），“载体”正是课例表达观点和思想的媒介。案例研究的范围较为宽广，主要关注的是教育中的实际问题，包括教学问题、管理问题等一系列问题等。

2-1-4　课例与思辨或经验论文

课例的根本特征，是以课堂教学的学科内容为载体，以某个研究问题为主题，讲述的是一个实际发生的课堂教学实例背后的故事。而且，教学实例的整体思路相对完整，可以看出一节课或几节课的授课过程或这些课改进的过程，可以看出这样上课或者改进课堂的理由和原因是什么，当然也会有理性的分析和概括。思辨或经验论文常见的有三种：一是课堂实录片段配以点评，这类型的文章不属于“课例”。这类文章对同一节课的不同片段做出点评时，往往是对每个片段从不同的角度加以评析，如果从全盘来看，则会发现这类文章分析课堂的视野比较宽泛、点评比较发散。二是围绕一个大的研究观点，选取不同的课堂片段加以剖析。这类文章针对每个片段进行评析，读者无法了解这个片段对应的原课究竟具有怎样的一个整体授课思路。三是围绕一节或几节课的教学漫笔。这类文章的作者一般以一线教师居多，往往是针对一节课的课后反思，或观察了一类课之后有感而发。这类文章往往比较生动、情感化、吸引人，但缺乏围绕一个主题的深入提炼、缺乏理论角度的诠释。一句话，课例就是课例，它不同于任何形式的论文和经验总结。

2-2　什么叫科学课堂学习的课例研究

2-2-1　什么是课例研究

课例研究是指教师围绕一堂课在课前、课中、课后所进行的种种教学活动，包括研究人员、上课人员与他的同伴、学生之间的沟通、交流、对话、讨论。

课例研究不是课例。课例是关于一堂课的教与学的案例，是一节节具体的课。课例研究是要对这一节节具体的课进行研究，是要理清一节课为什么这样上而不那样上。

课例研究也不是教案。教案是具体一堂课的教学方案，是由具有特定教育思想的教师制定的、面对特定的学生、在特定的环境里的具体教学实施方案。课例研究活动还要研究支持性的材料，其结果具有普适性。

课例研究是一种促进教师专业发展的行动研究，它通过教师集体对真实的课堂进行系统检查（具体包括教学设计、实施、反思）来达到促进学生学习、提高教学有效性的目的。国外的学者把课例研究的操作步骤分为 8 个环节：确定研究的问题—设计课—实施与观察—评价和反思效果—修订课—实施与观察—第二次评价和反思—写作与共享结果，并且为每一个环节提供了具体的操作规范和操作工具。

科学课例研究是指针对一堂科学课的教学内容来集体备课、教学观摩、协同工作，进行系统的反思以达到更有效的教与学的教师专业发展过程，其最终的目标是让学生进行更有效的科学学习。它是行动研究的一种形式，教师既是教育者又是研究者，通过行动进行反思，通过反思进行更有效的教学。关于这一点，我们的观摩课中体现得最为明显。

科学课例研究是一种优化教与学的评估实践，例如，2015 年合肥市包河区举办中美同课异构展示研讨活动。活动课主题是“食物链”，了解内容之后，承担授课的教师积极投入到备课当中，经过前侧、调研和材料收集之后，很快进入到教学设计阶段，紧接着是观课（观课中人员分工明确，录制、问题记录、时间计算、问题评估、课堂氛围、师生交流互动等课堂上的每一个细节都做好实录）。课后安排教师访谈学生，交流学习内容、学习体验和学习收获。最后授课小组成员会议研究，整合各方意见，完善授课方案。三轮研讨反思与评估后，科学课堂上的教与学的关系被大大地优化了，科学课堂教学的品质也被提升了。

常见的科学课例研究报告一般包括三部分：一是对教学设计的背景、思路与意图进行说明；二是如实描述课堂教学的实际进程，包括学生是怎样学习的、师生是如何互动的，描述应点面结合，给人以整体感，同时又要突出重点；三是对授课过程及效果的反思与讨论。

课例研究的材料应由课堂呈现材料、支持性材料、结果评价性材料、反思性材料四部分组成。

课堂呈现材料指向课堂教学的实现，可以是教案、课例、课堂实录、课堂片段、讲课稿、教学案例等。

支持性材料包括学生学习层面的知识情况分析、课堂呈现的学习知识来源、课堂教学内容建设的支撑性教育理论资料，及其他有价值的文献资料等。

结果评价性材料是某一课堂实践情况的评价性记录，可以是简单的效果等次评估，也可以是翔实的课堂实践得失记录，还可以是学生作业，如成功的或失败的学生习作。

反思性材料是教师反思课堂实践的心得体会，要注重成败得失的原因分析、改进设想等。

2-2-2 课例研究在行动研究中生长

教学课例是从教学案例演变而来的。它是日本人最先将课例研究引入到中小学的，随后美国迅速跟进。2002 年，香港教育学院也开始在中小学推进课例研究。在内地，上海市最先开展了“行动教育”。在研究中逐步构建了依据教师需求的，以课例为载体的，集专业引领和行为跟进为一体的操作模式。随着课例研究的发展，目前已经出现三种新的动向：一是研究形式“自下而上”，广大一线教师主动加入。二是高校和各级研究人员开始进入中小学课堂，并和一线教师一起研究课堂，加速理论和实践的融合。三是培训和研究开始融为一体。

课例研究具有生长性特点，是随着研究的深入而不断发展的。

在观课中生长。观课活动为课例研究提供了很好的机会。观课曾被定义为观察者带着明确的目的，凭借自身感官及有关辅助工具，直接从课堂情境中收集资料，并依据资料作相应研究的一种教育科学研究方法。“听课者”不再“袖手旁观”。

在课堂实践中生长。教师对课堂呈现材料部分进行课堂实践，尝试从内部方案语言向外部课堂教学语言转换。要实现这个转换，个体的知识结构、能力结构要有新的变化。其他材料为课堂呈现材料及教师实践提供支持，课堂实践又促使教师积极调整课堂实践方案，搜集和充实其他支持性材料。

很多人都把注重个人实践理解为设计好一个方案，然后实践，如果达到目的，就大功告成了。这样理解是片面的，从课例研究层面来看，除了要尝试性地实践之外，还要不断使课例研究材料系统化，并不断升级。一个课例研究材料的完善不是一次或一年就能做到的，它是多次实践的结果，有的也许要我们付出终身努力，一个研究周期一个研究周期地延续下去。

在比较、观照中生长。教师建构的课例研究材料不可能是完美的，要不断地比较与分析、发展与完善。比较的思路是：与其他教案或课堂实录作比较，找出差别所在，分析差别原因，找到其理论依据。进一步的做法是：把相关的材料找出来，筛选出课例研究需要的部分，并充实进课例研究材料之中。

教师在学习实践中要随时观照自己的课例研究，及时丰富研究材料。实践中一切有价值的事件、新生的有生命力的词汇等，都可以融进课例研究。一般做法是：及时写进材料里，尽快在课堂上实践、验证，或找机会探讨、分析。教师的教学研究不能止于简单的积累，也不能是不切实际的研究，课例研究可以让教师轻松地成为一个研究者，从而提高课堂教学水平。

2-2-3　开展课例研究的一般要求

国内外课例研究的模式虽然不尽相同，但却有共同的趋势，它们都是通过教师之间的合作设计、相互评议以及自我反思的方式来提高教师研究能力。最终目标是改进课堂教学，使课堂教学转变成为学生提供表达需要和学习进步的机会。使教学不再是一味地检测学生的学习成果和状况，而是更多地关注学生是如何学习的。

要做好课例研究，专家提供如下意见：第一，确立一个重要的研究主题。第二，重视观课研讨。第三，重视团队的建设。第四，团队教师需要善于学习。第五，勇于敞开课堂，吸纳专业研究人员加盟。第六，取得领导的支持和帮助。

2-2-4 怎样确定课例研究主题

（1）研究主题的特征，源于现实。课例研究致力于以科学的研究手段解决教师在课堂教学中遇到的现实问题。

始于反思。教师虽身处现实的教学情境，但能否确定切实可行的研究主题？是否善于捕捉和提炼真实的课堂教学问题，还取决于其是否具备深刻的反思能力，课例研究的问题可以是共性的也可以是个性的，但无论如何都是教师基于教学反思所发现的自己的问题。因此，确定课例研究主题就是要唤起教师的反思精神和积极发现问题的意识。

具体可行。就像写论文一样，我们选择的课例研究主题要紧密结合课堂教学的实际。教师从小处、细处、实处捕捉问题，选取具有较强可操作性并具备研究条件的主题加以研究。

答案开放。课例研究是通过反思课堂现象与总结教学经验来实现教学改进的。由于实践问题受多种因素的制约，在研究中出现的问题往往没有已知的、明确的、唯一的答案，所以，很可能存在多种解决方案。

（2）研究主题的类型主要有：第一，与学科内容有关的研究主题。教师深入研究教材，灵活理解学科教学的内容，抓住学科内容的本质是课例研究的重点之一。

第二，与学习者及其特点有关的研究主题。教师教学的最终目的是指向学生的学习与发展的，课例研究应重视对学习者的研究，不了解学习者及其特点，便不会有好的教学。学生是如何学习的，对某一课题他们有着怎样的理解和疑惑，不同个性或水平的学生存在怎样的互相影响等，这些都是课例研究应关注的主题。此外，学习者的具体表现有时也可作为教师检讨教学成效的依据之一。

第三，与课程知识有关的研究主题。今天的教师不再是课程方案的简单执行者，而是作为课程开发的主体，教师在教学过程中需要承担课程设计和实施的重任。

第四，与教学法知识有关的研究主题。有关教学法方面的主题是课例研究的重要内容之一。举例来说，一所学校的英语教研组一直强调在教学中要组织学生开展合作学习，但是在实践中他们发现了一个令人头疼的现象，个别优秀学生经常掌握话语权，以致小组内的其他成员只能被动接受。于是他们开展了“分散话题权，促进组内平等”为主题的课例研究，最终找到了有效的解决策略。

(3)主题的确定过程。发现教学实践中存在的问题只是课例研究主题确定的第一步。在发现问题之初，教师对问题的认识和理解在很大程度上仍是模糊的，有待进一步理清。因此，从问题发现到主题确立是一个不断精细化的过程。

第一，搜集和整理分析相关的文献资料。在课例研究中，教师要有意识地将理论学习融入主题确立的过程中。科学教师欲开展“实验设计”主题课例研究，就可以先查阅小学科学实验分类等资料，并对实验教学中的一些方法进行分析，然后在充分考虑可行性的基础上，找到解决这一问题的重点与难点——如何把教材的相关主题转化为学生进行实践研究的课题，然后再通过搜集和分享这方面的资料展开实践。可见，对文献资料的搜集有助于我们明晰已有的研究成果，从而在此基础上明确核心概念的内涵，确定研究的重点与难点，为后续研究做好充分的准备。

第二，对问题的核心概念进行界定。课例研究通过对核心概念的界定大致确立了研究的范围，使教师有了明确的研究方向，也比较容易找到解决问题的方法，有助于研究落到实处和取得成效。

第三，提出明确的基于问题的假设。在问题界定清晰后，教师还应通过研讨提出解决问题的初步设想。如果没有假设的课例研究，目标就含糊不清，过程就无所依循，所得到的研究结论就是不完整。因此提出明确的基于问题的假设是课例研究主题确立的不可或缺的环节。

第四，课例研究主题确立必须切合课程标准的精髓。课例研究的主题必须能改进科学课堂教学，提高学生的学习效率，满足学生的探究学习需求，保证学生在探究中有充分的体验，能够真切地关注到学生是如何学习的。

2-2-5　怎样进行课例研究

(1)教案设计——资源+个性。教案的设计是合作的成果。在课例研究中，教案的设计要求教师相互合作、共同探讨授课的最佳方式。为此，研究小组要从几个方面来交流自己的看法：以往的教学经验，特别是各自初上这堂课时有哪些困难与乐趣，学生的表现如何；当前班级学生的基本情况；可采用的教科书及其他课程资源，包括教师用书、电子资源、课件、网上资源等。

教案的合作设计有助于上课教师丰富自己对教学的理解，恰当地调整自己的最初设想。可以说，教案的合作设计实现了教师群体资源的优势互补和资源共享。但是，这并不意味着上课教师要把集体生成的统一认识不加批判地接受下来。合作设计不能以磨灭师生的独特性为代价，每一个课堂中的师生都是具体的，上课教师要坚持“和而不同”的理念。在吸收集体智慧的同时充分考虑自己的教情和班级的学情，根据实际情况修正原有的教学思路，撰写自己的教学方案。

(2)开展实证性的学情分析。学生已有的知识经验和现有的发展水平是教学的起点。在传统的教案设计中，教师对学生学习状况的分析大都过于笼统，有时所表达的是整个学段或整个班级学生发展的一般特征，甚至只是用“基于学生的兴趣需要”“根据学生的特点”等类似的一句话加以概括，这种分析对课堂教学几乎没有任何实际意义。

在教案设计阶段，教师可以运用课前测试或访谈等手段，开展实证性的调查研究，以便真正了解学生已有的知识基础、经验、兴趣，学习新知识可能会遇到的困难以及适合学生学习的方式等。教师越是深入地了解自己所教的学生，越有利于设计出有针对性的教案。

(3)转变教案的设计重点。深入理解学生是如何学习的、“丰富学生的见解”，是课例研究的核心追求。课例研究对学生学习的关注，要求教案设计必须突破传统意义上只关注教师如何教的局面。在基础教育课程改革的影响下，人们对传统的只对教师的教学行为加以规划的单线型教案做了大胆革新，将其细化，分为两栏：即教师活动与学生活动，或添加“设计意图”分为三栏。这种复线型的教案有意识地增加了教师对学生主体活动的设计，并将设计意图也列在旁边，有助于教师在课后进行反思。

2-2-6　课例的类型及其撰写

(1)课例的类型。课例的划分没有一个统一的标准，以下的划分是根据课例对教师专业水平提升的作用来区分的，它们之间并没有逻辑上的严格并列关系，相互之间有所交叉，但其侧重点主要是对教师专业发展的价值的关注。

问题呈现型。这种课例主要来自教师课堂教学实践中所产生的问题，主题往往就是问题的核心所在。它关注理论与实践的关系，但偏重于实践中存在的问题，设法找到理论来解释并协助解决实践问题。问题通常是开放型的，没有相对统一的共识。

经验分享型。这种课例主要来自教师新颖的教学设计及其随后的教学改进过程。表达的手法通常会以“故事”的形式来叙事，这种利用“叙述体”的知识极易在教师之间取得沟通。

理论验证型。这类课例的出发点往往是推崇某种教学思想或教学理论，认为教学就是将这种思想或理论应用于实际课堂教学的结果。课例往往成了从各个角度印证教学思想或教学理论的鲜活实例。这种课例结构是演绎型的，就是从理论观点出发、按照理论设计来改进课堂教学，最终再用该理论来解释教学或以课例形式从某个角度丰富该理论。

知识产生型。这种课例比较少见，但其价值较高。这里的知识产生包括课例所反映的新的教学思想、理论视点等，也包括课例研究中对学科内容产生的新发现、获得的新知识。

实际上当我们阅读一个课例时，它很可能同时具有两种类型课例的特征，只不过在其中某一方面更为突出。

(2)课例的撰写。很多有经验的教师都经历过不少“磨课”的过程，在头脑中有一些精彩的课堂教学实例。如能对它们进行理性梳理和加工，提炼出一个焦点主题，并赋予一定的背景意义，很可能就会形成一个课例。如何把这样的教学经验转化为一个课例呢？

第一阶段：琢磨典型的课例。在前期准备阶段可选择一个或几个典型的课例，对其内容、结构进行分析。重点领会如下几个方面：课例作者如何陈述事件的发生发展过程？如何突出研究的主题和产生的主要问题？如何处理课例的各个组成部分之间的关系？提炼的主题如何与选择的课堂教学情境或内容相关联的。

第二阶段：回溯教学实例的产生过程。可以回想自己头脑中认为精彩的教学实例是如何产生的，包括如下方面：当时有哪些人参与教学研究过程，哪些人在哪个阶段的观点给自己留下了深刻印象？该教学实例产生前后上过几轮课？教研活动是如何展开的？在不同阶段授课教师的心理感受、遇到的问题是怎样的？不同阶段的每个参与者的观点是如何发生改变或逐步深入的？对这些问题的回溯性思考是为了引发当时的经历和感受，目的是抓住精彩教学实例产生的前因后果和重要细节。

第三阶段：撰写课例初稿。如果对于该教学实例的整个前后过程非常清晰，而且当时研究的主题和问题也很清楚，包括它的背景、价值、意义，那么可以立即从课例的几个要素着手写作。大多情况下，教师觉得教学实例很精彩，但对研究过程和主要观点及主要问题感觉一团乱麻，无从下手。在这种情况下，可以首先回想整个教学实例研究过程中留给自己印象最深的、具有冲突性的事件片段，而这往往是课例中最重要的关键事件。然后对这个关键事件是如何发生的进行回想。思考当时的背景是怎样的？这个关键事件之后又发生了什么、如何处理的、后来得到什么结论？其实从最重要的事件入手，追因索果，是一种比较有效的方法。

第四阶段：斟酌和修改课例。写好初稿后，首先可以用课例的几个要素来衡量，看看是否具备课例的基本条件，如果缺什么就补什么，累赘的可以删去。自己感觉基本满意后，可以请没有参与过这个课例研究的人阅读，询问他们看后是否从文本中理解到了自己想要表达的思想。因为写作课例的人头脑中有很多潜在的细节，很多时候自以为都交代清楚了、明白无误了，可是没有参与过的人是一无所知，就不一定能理解。所以听取“局外人”的意见，进行反思、斟酌是必要的。

第五阶段：凸显课例的价值和意义。在课例基本完成后，考虑一下所写课例的类型，也就是整体考虑课例的价值和意义究竟在哪里。这个阶段可以重新考虑修改标题，用比较贴切的主题词汇突出该课例的价值和意义所在。

2-3　科学课堂学习的课例研究要素

2-3-1　课例研究的要素构成

主题与背景。主题与背景是课例的第一要素。因为课堂教学是复杂的，通常的听课、评课往往只是对一节课从各个角度提出改进意见。课例研究并不追求通过一节课试图解决很多个问题，而是追求通过一个课例认识一个“小”的问题——这就是研究的主题，“小”才有可能“深”。研究的主题最好从课例的题目就能看出或者开门见山地交代，这样别人可以直接地知道这个课例探讨什么方面的问题，而不是读了洋洋洒洒几千字还不知课例想要解决什么问题。主题从哪里来、为何选择这个主题进行研究？这就需要交代该课例产生的背景。例如，背景中可以交代主题是来自教学中常见的困惑、来自教学中常见的难点、来自课改中的核心理念的践行等。背景的交代可以使读者感受到整个课例的价值和意义所在，帮助读者理解课例中课堂教学的背景和条件等。

情境与描述。课例的载体是学科课堂教学，因此课堂情境的描述是必不可少的，但这不等同于把大篇的课堂实录直接塞进课例报告里。课例的描述不能杜撰，它来源于真实的课堂教学及其改进教学的研究过程，但其情节可以进行适当的调整与改编，因为只有这样才能紧紧环绕主题并凸显讨论的焦点。各个课堂情境的选择要环绕课例研究的主题，有时为了凸显与研究主题密切相关的问题，甚至对片段中的语言也可做适当剪裁（如用省略号略去一些无关的话语，删去一些口头禅等）。除了使用第一手的直接的实录描述，也可以用作者讲述的方法对实录片段进行第二手的描写，包括作者本人当时的想法、感受等都可以写入课例。围绕主题的情境描述要追求准确、精简、引人入胜。

问题与讨论。课例反映的是教学改进的过程，因此在课例描述中必然包含着提出的问题，以及由问题引发的后续讨论。因为课例反映的是教学研究“背后”的故事，交代产生这个课例的过程中的问题线索，使读者知道研究教学进展过程的来龙去脉。否则，读者只是感觉到描述了一节“好课”，却不知道产生这个“好课”的过程是怎样的。对读者来说，把研究授课的问题及其讨论梳理出来、展现过程，可能更具启发价值。课例描述中提出的问题有的可能在后续讨论中解决了，有的没有解决，但都可以呈现出来。甚至作者可以提出一些开放思维的后续问题或两难问题，留下一个今后可以继续研究和讨论的空间。对于研究过程中提出的各种问题加以筛选和梳理，最好是问题的线索能够环环相扣，这样对读者更具吸引力，而且可以引发更深入的思考和讨论。

诠释与研究。要对课例本身加以解读，赋予它更高一层的普遍意义，就需要对课例作出诠释、增加一些研究的成分，这是课例的另一要素。对课例的诠释实际上就是交代对于课例研究中不同阶段出现的问题是如何理解和处理的、课堂教学为何如此改进等的原因，也就是要讲出课堂教学“好”在哪里、“不好”在哪里的理由，使读者明白其“背后的故事”。诠释可以选择多个角度，但要尽可能地回归教学的基本层面，不要脱离课堂教学。

课后反思。围绕主题的实践是否实现了设计的目标，课后需要必要的反思。反思课例设计的初衷、实现的途径和实践的效果，关注实践中学生的体验，提出进一步改进、完善的方案。

2-3-2 课例研究的关注要点

(1)关注课后教案的二次设计。授课教师在课后要充分吸收研究小组的研讨意见，总结教学经验，明晰课堂教学的问题，探究问题的症结，思考修改方案，改进不合理的做法，以便在随后的教学中避免出现同样的问题。

备课是上课的基础，我们期待教师能够重视对教案的设计，并践行以上各项要求，在教案设计的循环往复中优化课堂教学，不断提升教师的专业素养。

(2)关注课堂观察工具的开发。课堂观察是课例研究的中心环节,但传统的教研活动进行课堂观察的工具仅限于一本听课记录和一支笔。怎样使课堂观察走向规范?怎样使教师的教学反思和重新规划“有据可依”?课例研究中务必关注观察工具的开发。

小学科学课堂观察量表 1

教师的教学行为对学生的关注程度观察量表

课题:____________ 执教者:____________ 观察者:____________ 时间:____________

教师目光停留位置	频次	比例
1. 回答问题的学生		
2. 上台表演的学生		
3. 注意力不集中的学生(走神、做与学习任务无关事、瞌睡)		
4. 全班学生		
5. 教室前排学生		
6. 教室的中间学生		
7. 教室后排学生		
8. 黑板、投影屏幕、电脑、学习资料		
9. 与学习无关事物(天花板、窗外)		

注:采用时间抽样的办法,每隔约 5—6 秒钟观察者就观察感受教师目光停留的位置,并记在一个统计表中。

小学科学课堂观察量表 2

教学时间分配

课题:____________ 执教者:____________ 观察者:____________ 时间:____________

序号	课堂环节	合计时间(分)	具体内容	占总时间的比率
1	教师讲授			____%
2	师生交流			____%
3	学生合作探究交流			____%
4	学生独立思考			____%
5	其他			____%

小学科学课堂观察量表 3

学生应答方式

课题:＿＿＿＿＿＿ 执教者:＿＿＿＿＿＿ 观察者:＿＿＿＿＿＿ 时间:＿＿＿＿＿＿

学生回答方式	次 数	百分比
集体回答		＿＿ %
讨论后汇报		＿＿ %
个别回答		＿＿ %
自由答		＿＿ %

小学科学课堂观察量表 4

课堂教学程序表

课题:＿＿＿＿＿＿ 执教者:＿＿＿＿＿＿ 观察者:＿＿＿＿＿＿ 时间:＿＿＿＿＿＿

教学环节	时间	教师活动	学生活动	板书

注:需要使用计时装置。

小学科学课堂观察量表 5

目标达成与学习评价观察量表

课题:＿＿＿＿＿＿ 执教者:＿＿＿＿＿＿ 观察者:＿＿＿＿＿＿ 时间:＿＿＿＿＿＿

<table>
<tr><th colspan="3">观察内容</th><th>教学目标 1</th><th>教学目标 2</th><th>教学目标 3</th></tr>
<tr><td rowspan="5">教学目标达成</td><td rowspan="2">预设教学目标达成有什么证据?</td><td>学生的表情
(投入或不投入)</td><td></td><td></td><td></td></tr>
<tr><td>学生的观点
(回答与提问)</td><td></td><td></td><td></td></tr>
<tr><td rowspan="3">生成哪些学习目标?</td><td>生成的学习目标</td><td></td><td></td><td></td></tr>
<tr><td>生成目标的利用</td><td></td><td></td><td></td></tr>
<tr><td>生成目标的效果</td><td></td><td></td><td></td></tr>
</table>

小学科学课堂观察量表 6

学生回答的类型观察量表

课题:__________ **执教者:**__________ **观察者:**__________ **时间:**__________

学生回答类型	频次	百分比(%)
无回答		
机械判断是否		
认知记忆性回答		
推理性回答		
创造评价性回答		

中美交流活动课课后反馈问卷

小学科学

亲爱的同学:

刚刚上完一节科学课,请你就本节课的学习情况完成一个反馈调查。此次调查采取不记名方式,请你如实客观填写。谢谢合作!(请在____上填写文字,在☐中选择打勾。)

右图展示了草原上一些生物的图景,请观察并据图完成 1-3 题。

1. 请写出图中草原上的 2 条食物链:

____

2. 图景中生产者是:

____

3. 图景中的消费者有:

____

4. 这节课我的学习状态:

☐热情高涨　☐有热情　☐状态一般　☐低落

5. 这节课我的参与学习问答和参与活动情况:

☐积极参与问答和学习活动　☐按老师要求,完成学习任务

☐听老师讲,参与部分学习活动　☐没有参与问答和学习活动

6. 我们小组的同学的学习参与状态：

□学习热情高，都积极参与　□有热情，部分同学积极参与

□状态一般，按照老师要求完成学习活动　□部分同学不太参与学习

7. 这节课我的收获

□很大　□不只是知识　□有一些收获　□不大

我感觉自己收获最大的是：________________

8. 我对这节课的学习方式的认可度：

□非常认可，喜欢这种学习方式　□不太认可　□不认可

原因：________________

9. 我喜欢(或者不喜欢)老师(授课方式、语言等)：

____

____

____

____

由此我们可以看出：课例研讨的中心不再是单一的"怎么教"，而是把学生的学习状况和教师对学生学习的应对作为教学研讨的重点。课例研究重心的转移不仅可以丰富教师对学生的认识，还可以激活教师的教学机智，优化教师的教学策略。

(3)关注课后研讨活动的开展。

课后研讨水平的高低直接影响后续教学改进的质量。

第一，课后研讨活动的组织方式。

场地的选择。可选择会议室等地方。不过最理想的是执教者上课的教室。因为，教室中的板书、文本资料还留存着上课的痕迹，更容易激活观察者的记忆。

拟定研讨的程序。一般遵循这样的程序：主持人介绍团队→概述研讨的基本结构→执教者叙述教学意图(教学设想和做法)→依观察结果展开小组讨论(执教者可与讨论者产生对话)→小组成员代表作简要总结。

明确参与者的角色和职责。通常包括这些成员：主持人、执教者、评论员、记录员。主持人组织研讨，执教者把握时间，评论员营造研讨氛围：阐述教学意图、与评论者积极互动、客观公正地汇报课堂观察结果。展开教学评析，帮助执教者深化对教学的理解，明确课堂教学的改进途径。记录员记录听取的研讨内容。为课例研究报告提供一份研讨概要，并送交至撰写报告者手中。

第二，课后研讨活动的基本原则。

关注对问题的研究。摒弃以往的就课论课，转向对问题的研讨和探求，从而纠正原有的认识或行为偏差，产生新的教学理解。同时也使研讨更具有针对性。

关注学生学习的事实。避免聚焦于课的成功与失败或教师的教学风格，把研讨的主要方向定位于"学生的学习"，通过分析和研究学生的学习来改进课堂教学并形成教学实践。

关注执教者与观察者的互动与协商。执教者与观察者积极互动，在互动中实现多种认识的沟通和融合，而不是一方缄默不语或唯命是从。

第三，课后研讨活动的进程安排。

汇总观察结果。课后，承担不同观察任务（速记者：师生话语的完全记录；总体观察者：课堂的整体氛围和学生的整体参与情况；抽样观察者：选取特定学生作为观察对象；摄像员：录制课堂活动）的观察者必须进行观察信息的汇总，以全面反映课堂教学的实况，进而为课例分析与研讨提供充足的证据。有时，由几位小组成员共同观察一个观察点，然后确认观察结果是否一致。

执教者讲解教学意图。首先要阐述自己的构思，对教学设计的依据作充分的说明；其次要说明教学实践中的调适（对教学中可能的、即时的变更做合理的解释）；再次要阐述实践后的反思，评论教学的困惑和乐趣所在。从而使执教者和观察者之间在平等协商过程中对复杂的教学问题的解决达成一致，把教学改进落到实处。

基于观察结果展开群体研讨。观察者首先汇报"观察到了什么"；接着询问执教者“观察结果反映出教学存在怎样的问题”；最后观察者和执教者分享“从课堂中学到了什么”及解决问题的策略。

形成改进建议。通常课例研究第一轮课后所修订的教学方案会在另外一个班级实施。当然，要尽可能对所实验的班级情况有所了解，以便考虑改进建议是否适合所执教班级，从而做出取舍。

另外，改进建议不应随课后研讨活动的结束而结束，而要就某一主题的探究保持可持续性。

3 科学课堂学习与课例研究的关系

3-1 科学课堂学习是课例研究的基础

没有优质的科学课堂学习实践案例，就没有优质的课例研究。因此，在科学学习的课堂上，教师要善于通过各种手段和方法创设一个互相尊重、理解、宽容的课堂学习环境，使学生对教师产生亲近感，即情感上的安全感和心理上的轻松感。有时教师形象生动而又富于智慧的语言，一个含蓄的微笑，一句鼓励的话语，一个富有启发性和创造性的问题，一个激发学生强烈学习动机的探索活动，适切的情景创设等都能形成一个良好的学习环境，调动学生学习的积极性，还能让学生获得情感上的丰富体验。只有在这样的课堂上，学生的思维才不会受到压抑，不同的观点才能得以自由绽放。

“兴趣是最好的老师，有兴趣学习就不是负担”，这句话饱含深刻的道理。当学生对知识不感兴趣时，再小的任务对他来说也是负担，反之，对知识有浓厚兴趣时，就会产生不断探索、渴求新知、欲求明白的强烈愿望，就会全身心地投入到所感兴趣的学习中。教师的责任在于以丰富的教育经验、智慧来培养和激发学生潜在的学习兴趣，使之处于“激活”状态，从而爆发出强烈的学习欲望。教师的责任不在传授，而在于激励、唤醒和鼓舞。因此，在教学中教师要结合所教学科内容，激发起学生学习兴趣，这样不但课堂效果好，更主要的是可以让学生全身心投入。这样有利于学生对知识的掌握，学习能力的培养，这是一堂课成功的关键。在科学课堂教学中，我们要善于利用课程内容，精心设计课堂探究活动，激发学生的学习兴趣。

我们大多数教师受公开课的影响太深，当有人听课的时候，容易出的问题准备过度。教师课前备课很辛苦、学生很兴奋，课堂成了表演的场所，课堂学习就像演戏一样，这样的课谈不上是好课。课堂有它独特的价值，这个价值就在于它有自由的空间，需要有思维的碰撞、相互的讨论，最后在这个往来过程中师生共同地生成许多新的东西。所以我认为教师要上的课应该是这样的课，平实的课，即平平常常、实实在在的课。我们上的每一节课都不可能是十全十美的。公开课想要上成没有一点问题的课，那么这个预设的目标本身就是错误的，因为这样的预设会给教师增加了很大的心理压力，事先做大量的“准备”，最后的效果反而适得其反。

何谓创设成功的课堂？表现在两个方面：一是对学生而言。一堂课下来，对全班学生中的多少学生的课堂学习（听课）是有效的，包括优秀生、中等生、学困生。二是效率的高低。如果没有效率或者只是对少数学生有效率，那么这节课都不能算是比较成功的课。从这个意义上说，好课应该是充实的课。整个过程中，大家都有事情干，通过教学，学生都发生了一些变化。苏霍姆林斯基说过：“每一个学生都是具体的，一个班学生学习习惯、行为方式、思维品质和爱好都存在着不同，要求我们关注不同层次学生的发展，关注学生的成长。”一位教育专家也说过这样一句话：“如果我们教给孩子仅仅是知识，那就直接告诉他好了，而教育的艺术在于激励和唤醒。”教师唤醒了他们的灵感，唤醒了他们的表现欲望，唤醒了他们的创新潜能。许多教师在课堂上只关注优秀学生，当我们把爱洒向学生时，特别是好学生时，不要忘了一个容易被遗忘的角落——更需要关注“弱者”。应该说，教师的关注不仅是关注孩子的现在，更是关注孩子的明天，孩子的未来。教师只有在自己的心田里种植了关爱的种子，这颗种子才会生根、发芽。所以在教学中教师要因材施教，根据不同学生的智力水平高低，设计不同的问题，这样不同的学生才会在各自原有的水平上有所发展，有所提高。一堂课下来，无论是学习好的、学习不好的，都要有所收益，这样的一堂课才算一堂成功的课。

新课程标准倡导自主、合作、探究的学习方式，以学生为本，还课堂给学生。教师应着力构建自主的课堂，让学生在生动、活泼的状态中高效率地学习。给学生一些权利，让他自己去选择；给学生一些机会，让他自己去体验；给学生一点困难，让他自己去解决；给学生一个问题，让他自己找答案；给学生一种条件，让他自己去锻炼；给学生一片空间，让他自己去开拓。“教无定法，各有各法”，作为新时代的教师，只有不断学习，与时俱进，才能在教改的路上越走越宽。

3-2　课例研究是科学课堂学习的升华

课例研究是为了实现教师专业发展而进行的一种行动研究，通过对真实的课堂情境中的问题进行跟踪检查、评估诊断来达到促进学生学业发展、提高课堂教学有效性的目的。课例包含于教育案例之中，以学科教学内容为载体、具有一个研究主题的教育案例才可以被称为课例。实质上它是指聚焦课堂教学的研究案例，是通过教师集体对研究课进行设计、观察和反思的循环来促进教师专业发展的活动。

课例研究表现为教师研究如何改进课堂教学的过程(即做课例)，是教学过程中为了解决实际问题、破解教学难题、提升教学品质而进行的专题研究。课例研究有两个要点：一是以学科内容为载体(以某个学科的某节课为研究对象)；二是围绕某个具体的教学问题研究改进策略(研讨活动要聚焦研究主题)。

课例研究所探讨的问题，是日常教学中需要加以解决的问题，而且需要针对问题，对教学实践不断改进方式方法。课例研究具有四个特点：基于专题、持续研究、见证效果、形成成果。

课例研究注重实际体验与亲历亲为，课例研究发生于课堂教学现场，置于真实的教育情境之中。课例研究把教师置于他们所熟悉的教育场景中，这样有利于教师在原有基础上提高自身的专业知识水平。

课例研究源于教学中实际问题的驱动，直接指向实际问题的解决。以实际问题为活动内容，探讨教学设计、评价学生学习效果、检验教学设计和教学方法的好坏。带着问题开展课堂教学改进研究，更具有针对性和实效性。

课例研究强调教师的“做中学”，分层推进并逐步深入。根本出发点是让教师在真实的教学场景中学习如何教学、如何做教学研究，是一种知行合一的研修方式。

课例研究反映的是教学的改进过程如何迁移到日常教研活动中。课例研究实际上是一个做课例的过程，展现的是课堂教学研究活动的过程，如研究主题的遴选和明晰的过程、统一教学内容连环多次的改进过程以及过程中使用的课堂观察和诊断技术、教研组群体合作的研修技能等。

课例研究与传统的听课有显著的区别：一是关注点不同；二是要求不同。先说关注点的不同。它主要存在五大差异。差异一，传统听课直接进入教学情境进行观察，淡化观察前对教学内容和教学目标的了解。差异二，传统听课注重结果，而忽略课堂上动态生成的知识。差异三，传统听课注重活动形式的本身，忽视对其质量和效率的深度审视。差异四，传统听课注重教师教的过程，淡化对学生学习的情感体验和个性差异的关注。差异五，传统听课注重对教材内容的审视，忽视教师对课程二次开发与创造。再谈要求不同。它主要有六个方面：第一，传统听课无关痛痒，不解决实际问题。第二，传统听课没有中心观点或主题。第三，传统听课以经验为主，缺乏理性高度的专业论断。第四，传统听课以评价为主，缺乏具体可行的改进建议。第五，传统听课关注问题的局部，缺乏把握全局的系统眼光。第六，传统听课以发言为主，缺乏观点的碰撞与互动。

第 2 部分

小学科学物质世界领域
课堂学习与课例研究

2

全日制义务教育科学(1—6年级)课程标准中涉及科学知识领域的概念总共有18个,其中物质科学6个。按照三个学段划分,一、二年级为第一学段;三、四年级为第二学段;五、六年级为第三学段。每个学段的学习标准分为两个等级。“学段水平Ⅰ”为基本水平;“学段水平Ⅱ”为较高级水平。

1　小学科学物质世界领域学习标准

1-1　小学科学第一学段物质世界领域学习标准

学习标准

1-1-1　第一学段水平Ⅰ

▶**科学知识**

(1)能够收集身边常见的物体,并进行观察和描述。

(2)知道食盐和白糖可以在水中溶解,而沙子和食用油不能在水中溶解。

(3)知道空气是无色、无味、透明的气体。

(4)知道磁力在间隔一定的距离时,也能对物体产生作用。

(5)了解声音可以在液体、固体和气体中朝着各个方向传播。

(6)知道影子的形成需要光源和挡光的物体。

(7)认识各种各样的磁铁;知道磁铁可以吸引铁、镍等材料;了解指南针。

▶科学探究

(1)能在教师指导下,对观察对象感兴趣。

(2)愿意在教师的指导下,对问题做出猜测。

(3)在教师的指导下,参与制定探究计划。

(4)在教师的指导下,愿意记录、整理探究信息。

(5)在教师的指导下,尝试利用分析、比较与分类等方法,得出探究结论。

(6)在教师指导下,愿意如实讲述探究经过和结论,愿意参加交流和讨论。

(7)在教师指导下,愿意将探究中学习到的知识与方法加以应用,有解决实际问题的意识。

(8)按照老师的要求,反思探究过程和结果。

▶科学态度

(1)具有用事实说话的意识。

(2)在教师指导下,愿意尝试多角度、多方式认识事物。

(3)在教师指导下,愿意和同伴合作、交流。

1-1-2　第一学段水平Ⅱ

▶科学知识

(1)能够收集身边常见的物体,并能够在观察的基础上,尝试从颜色、轻重、大小、软硬、气味等方面对它们进行分类。

(2)知道食盐和白糖可以在水中溶解,而沙子和食用油不能在水中溶解,并能列举部分可以在水中溶解的物质。

(3)知道空气是无色、无味、透明的气体。会用自己的方法证明空气的存在。

(4)知道磁力在间隔一定的距离时,也能对物体产生作用。

(5)知道影子的形成需要光源和挡光的物体,以及影子与光源的关系。

(6)了解声音可以在液体、固体和气体中朝着各个方向传播,但传播速不同。

(7)认识各种各样的磁铁;知道磁铁可以吸引铁、镍等材料;会用磁铁性质,识别铁制品;了解指南针。

▶科学探究

(1)能在教师指导下从被观察的对象中,发现感兴趣的问题。

(2)能够依据经验,对问题提出猜测。

(3)知道探究需要制定计划。

(4)学习使用图形、文字等记录和整理探究信息。

(5)在教师的指导下,能够利用分析、比较与分类等方法,得出探究结论。

(6)在教师指导下,积极参加交流和讨论,如实讲述探究经过和结论。

(7)能够积极反思探究过程,并产生愿意改进探究方法的意识。

(8)在教师指导下,积极地将探究中学习到的知识与方法加以应用,有解决实际问题。

▶科学态度

(1)能够尊重事实。

(2)在教师指导下,积极尝试多角度、多方式认识事物。

(3)在教师指导下,积极和同伴合作、交流。

学习标准解读

本学段是科学学习的起始阶段,要求不能过高。此阶段强调学生能够按照老师的指导去完成探究学习,经历认知过程。“学段水平Ⅰ”是学生学习科学课程的基本要求,也是教师实施科学教育、教学的基本目标。“学段水平Ⅱ”强调的是学生对科学学习的主动性、自觉和兴趣,是较高水平的要求。

本学段使用到的行为动词主要有:“观察”“描述”和“认识”。在科学探究方面,均使用“在教师指导下”能够如何实践。在科学态度方面,主要是“讲述”“尝试”和“体会”。在科学、技术、社会与环境方面,主要是“了解”。

1-2　小学科学第二学段物质世界领域学习标准

学习标准

1-2-1　第二学段水平Ⅰ

▶科学知识

(1)说出某些材料的性能,如:导热、导电、状态变化、混合与分离。

(2)知道水的三态变化,了解物质在水中溶解的影响因素。

(3)知道空气的一般性质,如:占据空间、会流动等。

(4)知道利用参照物描述物体的位置;识别物体运动的快慢;了解直线运动和圆周运动。

(5)识别生活中常见的力;知道力的作用可以改变物体的状态;了解振动与声音的关系。

⑥知道温度是表示物体的冷热程度;知道物体一般都有“热胀冷缩”的性质;认识简单电路和常见的导体和绝缘体材料;知道电是一种能量。

▶科学探究

(1)提出问题:在教师的指导下,能勇敢提出对现象、问题的假设。

(2)制定计划:在教师的引导下,参与探究计划的制定。

(3)收集证据:在教师的引导下,能够运用感官和选择恰当的工具、仪器,观察事物的外部特征及现象,并进行描述。

(4)处理信息:在教师的引导下,能用合适的学科词汇、图示符号、统计图标等方式记录、整理信息,陈述证据和结果。

(5)得出结论:在教师的引导下,能够参与小组讨论,共商探究结论。

(6)表达交流:在教师的引导下,参与组内交流和组际交流,陈述自己的探究过程和结论。

(7)迁移应用:在教师的引导下,能应用所学,解决简单的实际问题。

(8)反思评价:能够较为合理地评价自己的探究方法、过程和结果。

▶**科学态度**

(1)探究兴趣:在科学课堂上,愿意参加到对事物、现象的观察、探究活动中。

(2)实事求是:能够相信科学探究中的事实。

(3)追求创新:愿意接受教师指导,使用多种材料、多样方法、多种思路完成探究活动。

(4)合作、分享:在课内外,愿意和同伴合作,承担探究任务;能够接纳他人观点,完善自己的探究活动。

1-2-2 第二学段水平Ⅱ

▶**科学知识**

(1)能够依据材料的性能,说出材料的一些应用。

(2)认识水的三态变化的条件,能够解释物质在水中溶解快慢的变化。

(3)举例说明常见的风的形成。

(4)能够用速度描述物体的运动快慢,会比较不同的运动。

(5)举例说明力与物体状态的关系;举例说明声音与物体振动的关系。

(6)举例说明冷热会导致物体的状态变化;解释切断电源是控制电路的一种方法;例举安全用电的常识。

▶**科学探究**

(1)提出问题:在教师的引导下,能积极主动地从具体现象与事物的观察、比较中,提出可探究的科学问题。

(2)制定计划:在教师的引导下,能够基于自己的知识、经验,提出对现象、问题的假设。

(3)收集证据:在教师的引导下,能够基于所学,制定简单的探究计划。

(4)处理信息:在教师的引导下,能够运用感官和选择恰当的工具、仪器,观察事物的外部特征及现象,并进行描述。

(5)得出结论:在教师的引导下,能用合适的学科词汇、图示符号、统计图标等方式记录、整理信息,陈述证据和结果。

(6)反思评价:在教师的引导下,能够参与小组讨论,共商探究结论。参与组内交流和组际交流，陈述自己的探究过程和结论。倾听他人意见，完善自己的认识。

（7）迁移应用：在教师的引导下，主动应用所学，解决实际问题。

（8）表达交流：在学习他人经验的基础上，反思自己的方法、过程和结果，并作合理的调整。

▶科学态度

（1）探究兴趣：能在好奇心的驱使下，表现出对事物、现象的观察、探究有兴趣，并能从中体验到快乐。

（2）实事求是：能够相信科学探究中的事实。

（3）追求创新：乐于运用多种材料、多样方法、多种思路完成探究活动。并能从中体会到创新的乐趣。

（4）合作、分享：能够主动与同伴合作，积极承担探究任务；探究中能够主动接纳同伴的观点，改进和完善自己的探究活动。

学习标准解读

在第二学段里，涉及 6 个科学概念里的 20 个认知点。

经过两年的学习，学生慢慢地接受着科学学习的方式、方法；逐步适应观察探究的过程；并已经意识到观察、探究需要记录；观察、探究的过程、结果需要和同伴交流、共享；开始关注生活中的科学问题。因此，在学习标准中也提出了一些相应的要求。

在物质科学知识方面，由第一学段的识别科学知识，发展到能够知道、描述一些科学概念；开始尝试用学到的科学知识解释一些生活中的科学现象。

在科学探究方面，学生开始尝试对问题进行假设，并在教师指导下设计探究计划。合作学习能力加强，交流汇报也需要完整表达。

在科学态度方面，证据意识也有加强。

本学段使用到的行为动词在物质科学知识方面主要有：“描述”“了解”“认识”和“知道”。在科学探究方面主要是强调“在教师引导下”完成探究实践活动。在科学态度方面主要是“体验”和“意识”。在科学、技术、社会与环境方面主要是“了解”和“意识”。

1-3 小学科学第三学段物质世界领域学习标准

学习标准

1-3-1 第三学段水平 I

▶科学知识

(1)会用简单仪器测量物体的常见特征;会使用概念描述物体的常见特征及变化。

(2)列举水的三态变化的实例。

(3)知道空气的主要成分;知道风具有使物体运动的能力。

(4)认识引力。

(5)识别光源,了解光的传播、反射、折射;知道热传递的原理。

▶科学探究

(1)提出问题:在教师的引导下,能提出适合自己探究的科学问题。

(2)作出假设:在教师的引导下,就自己提出的科学探究问题,做出假设,并尝试说明假设的依据。

(3)制定计划:在教师的引导下,参与制定探究计划。

(4)收集证据:能够在教师的指导下,通过观察、实验等方法,完成事物信息的收集。

(5)处理信息:在教师的指导下,能够使用科学语言、概念图、统计表等方式记录整理信息。

(6)得出结论:在教师的指导下,运用分析、比较、推理、概括等方法得出科学探究的结论。

(7)表达交流:在教师的指导下,学习使用科学探究报告、科学小论文等形式呈现探究的过程和结果。

(8)迁移应用:在教师的指导下,运用所学知识解释简单的实际问题。

(9)反思评价:在教师的指导下,完成探究活动的反思和评价。

▶科学态度

(1)探究兴趣:能够在教师的引导下,参与探究方案的制定和实施。

(2)实事求是:能够尊重事实。

(3)追求创新:在教师的引导下,能够从不同的角度提出探究问题的思路。

(4)合作、分享:能够参与小组讨论,愿意把自己的观念表达出来。

1-3-2　第三学段水平Ⅱ

▶科学知识

(1)能够使用简单仪器测量物体的常见特征;会使用概念描述物体的常见特征及变化;说出一些材料的主要用途。

(2)能够应用知识,解释晾晒衣物、霜雾等现象。

(3)知道空气的主要成分;能够设计实验证明风具有使物体运动的能力。

(4)列举地球上的物体受到地球引力的作用。

(5)能够利用光的传播、反射、折射原理解释生活中常见的现象;利用热传递的原理,解释生活、生产中的相关现象。

▶科学探究

(1)提出问题:能基于小学阶段所学习的知识,从事物的结构、功能、变化以及相互关系等角度提出适合自己探究的科学问题。

(2)作出假设:能够就自己提出的科学探究问题,提出有针对性的假设,并能说明假设的依据。

(3)制定计划:具有初步的设计实验的能力,能够完成设计单一变量的实验方案。

(4)收集证据:初步掌握观察、实验、查阅资料等获取事物信息的方法;掌握顺序观察、对比观察和分步观察的方法。

(5)处理信息:初步具备使用科学语言、概念图、统计表等方式记录整理信息的能力。

(6)得出结论:能够分清现象、结果和结论;运用分析、比较、推理、概括等方法得出科学探究的结论。

(7)表达交流:能够采用科学探究报告、科学小论文等形式呈现探究的过程和结果,并具备基于证据质疑和评价他人探究报告的能力。

(8)迁移应用:基于所学知识,能够解释或解决一些实际问题。

(9)反思评价:能够在探究活动结束后,进行反思和调整,及时完成探究报告。

▶科学态度

(1)探究兴趣:对探究自然现象感兴趣,表现出对研究事物的结构、功能、变化以及相互关系有兴趣。

(2)实事求是:在尊重事实的前提下,能够冷静地分析证据,并依据证据做出判断。

(3)追求创新:能够大胆质疑,具有创新的意识,积极参加创新实践活动。

(4)合作、分享:在讨论与交流中,能够表达自己的观点,并善于倾听和采纳他人的意见。

学业标准解读

在第三学段里,涉及物质科学 6 个科学概念里的 13 个认知点。

在这个学段里,学生在各个方面的能力都有所增强。因此,学科特性也明显增强,学生在对知识的认识上,由中低年级的独立观察,发展到联系性、综合性研究。在科学探究上,对于目标行为动词的选择体现了学生的自主性。在科学知识方面,强调"了解"、"认识"、"知道"和"解释"。在科学探究方面,强调"基于……能……"。在科学态度方面,强调"创新"。

2　小学科学物质科学领域学习关键问题及指导

2-1　如何培养学生提出问题的能力

问题呈现

学习是学生的学习，学生有了问题，就有聚焦注意的力量。然而，在真实的课堂上，学生往往是没有“问题自主”的权利，大多数是按照老师的要求，去解决一定的科学问题。因此，所谓的“自主探究”，也就变成了“实现教师愿望”的探究。

问题是探究的开始，小学科学强调探究性学习。因此，探究问题的出现，是科学课堂绕不过去的主题。

学习指导策略

爱因斯坦说：“提出一个问题往往比解决一个问题更重要。”人类社会就是在不断发现问题、分析研究问题、解决问题的过程中进步的。“科学新课程标准”也要求学生：“能在观察事物现象或科学学习过程中发现问题，具有初步的提出问题的能力。”因此在小学科学教学过程中，对学生发现并提出问题能力的培养，是课堂教学不可缺少的一环。如果学生不能发现问题、不能提出问题，科学探究便无从谈起。那么究竟该怎样培养学生提出问题的能力呢？笔者认为可以从以下几个方面入手：

▶呵护学生的问题

小孩子在看到一些现象时，心中都会有一些问题。对于小学生来说，就不只是“十万个为什么”了，他们会有问不完的问题。只要他们能够提问，不管问得好不好，都要称赞他们的勇气。当有些同学提出的问题不得要领时，教师一定要有耐心，要适当地进行引导，不要让他们因为提的问题“不好”而产生挫败感。对能够提出问题、特别是提出“好”的问题的同学要充分地肯定，提高他们的自信心，同时鼓励他们大胆创新、大胆探究，激发他们提问的热情。只要能够长期坚持，就一定能营造一个良好的质疑氛围，使同学们敢于提出自己的问题和看法，养成爱问“为什么”的习惯，并能用疑问的眼光看待各种现象，探究我们不知道的自然世界。还要鼓励同学们敢于向权威进行挑战，甚至敢于向一些规律、定律挑战。

▶科学课上要有问题情景

小孩子的问题大多植根于一定的情景中，离开了一定的情景，问题也就成为了过去。要让学生产生问题，就要为学生设置带有问题的情景，让学生有“触景生情”的感觉。

第一，可以利用图片、多媒体展示一些生活中常见的、有些出人意料的或有趣的画面，让同学们有一种身临其境的感觉。让同学们有问题想问，也想提问题。

第二，可以通过设计一些有趣、出人意料的实验，让学生观察、分析，提出问题。如：学习《反冲力》，你可以让学生放飞气球，观察气球的飞行路径，学生就会想到，这个气球为什么会这样飞行呢？

第三，通过学生的切身体验提出问题。如：在研究浮力时，让同学们将一块大泡沫块往水下按，并说说自己的感受。为什么越往下越费力呢？科学探究的问题也就产生了。

第四，为学生提供真实的观察机会。如：关于《土壤里有什么》的教学，你要想让学生提出关于“土壤”的有效研究问题，你就要给学生提供观察土壤的机会。先让学生想一想土壤里可能有些什么，再让学生亲自看一看，和自己想的是不是一样。关于土壤，你还有什么问题？这样，关于土壤的有效探究问题就会接踵而至。

▶让学生们掌握方法，学会提问

在科学探究中，要引导学生体会提问题的过程，归纳总结提问的方法，让他们自己掌握学习的金钥匙。让同学们在提问时，可以用以下几种方法去思考：

第一，看到现象就要问。如：看到放入水中的筷子，就提出了筷子为什么会变弯？看到窗外的景物，就提出云是怎样形成的啊？水中为什么会有倒影啊？彩虹是怎样形成的？养成在生活中提问的习惯。

第二，在分析比较中能找到问题。如：让同学们白天通过窗户玻璃看窗外的景物，晚上再通过窗户玻璃能看到什么景象？看完之后，小学生的脑子里肯定会有许多的问题。这时，如果我们在科学课堂上能给学生一个提出问题的空间，学生的问题意识就会增强。

第三，还可以根据逆向思维提出问题。如：当我们看到电能变成光，反过来想一想，光能不能变成电？是怎么变的？

第四，还可以根据发散思维提出问题。如：当我们探究了“拱形的力量”之后，能不能想一想，“拱形的高度”与“拱形的跨度”是不是也会影响拱形的承重能力呢？

在教学中，教师要充分体现学生的主体地位，尊重学生的问题，为同学们创设良好的提问氛围。同学们也要在教师的指导下，认真学习，勤于实践，养成爱提问的习惯。

2-2　怎么培养学生的观察能力

问题呈现

小学科学课程标准中明确提出，科学探究既是学习的内容，也是学习的方法。要探究，就离不开观察，观察是获取证据的重要途径。尽管如此，但在现实的科学课堂上，科学现象“被观察”时常出现（教师介绍现象，学生听现象），有时甚至出现“假观察”（给学生一个塑料模型苹果，让学生观察苹果的特征）。时间久了，学生没有机会独立观察眼前的事物，只有想象中的特征，程序化的词语，给学习描述、表达带来很大的障碍。因此提出培养学生观察能力，既是科学探究的需要，更是学生终身发展的需要。

学习指导策略

观察是一种有目的、有计划、比较持久的知觉活动。

世界著名的生理学家巴甫洛夫，在他的研究院门口的石碑上刻下了“观察、观察、再观察”的名句。达尔文也曾经说过：“我没有突出的理解力，也没有过人的机智，只是在觉察那些稍纵即逝的事物并对他们进行精细观察的能力上，我可能是中上之人。”从这两位科学家对观察的认识上，我们不难发现，观察需要仔细和持久，观察也和兴趣、爱好相关联。观察力不是与生俱来的，而是需要培养的。

观察力的培养，首先是要接近大自然，培养浓厚的观察兴趣。其次是要掌握基本的观察方法。当然，我们所说的观察，在实施中是和思考相伴随的，没有脱离思维的观察存在。

▶结合实际创设情境，培养学生的观察兴趣

(1)兴趣是最好的老师。兴趣是调动学生观察积极性的最好老师，而创设情境则是激发学生观察兴趣的一种有效方法。创设情境就是通过创设与教学内容相关的情境，让教学进入情感领域，激发起学生的兴趣。在科学课中的观察活动正是这种学习方式的最直接的表现，因此，教师要为学生做好观察活动的准备工作，要尽量把观察活动设置在自然发生的条件下。在条件允许的时候，需要让学生走出教室、甚至是走出学校，亲近大自然。

(2)观察需要目的。在没有明确的感知任务时，对象往往是肤浅的、不完整的。明确了目的、任务再去知觉某一事物，知觉的对象就会比较完整清晰。因此，指导学生观察需要确定明确的观察对象，进行有目的、有计划、有选择的观察学习培养。

(3)实践长期观察锻炼。要给学生培养重复和长期观察的习惯。因为很多事物的发展特别突然、迅速，而观察速度跟不上，还没观察清楚，现象就消失了，所以重复观察才能使结果更为可靠。另外，由于观察时，出现的次要现象更加吸引人，容易影响对主要现象的观察，只好再进行重复观察。为了增强观察的持久性，还必须培养长期观察的习惯，如饲养小动物、种植植物等，都必须进行长期地观察。观察时要有观察记录，记录要做到准确、具体。

▶发挥教师的主导作用，当好学生科学观察的引领者、组织者。

科学课上，教师的作用是什么呢？教师的作用不是告诉，更不是灌输，而是帮助，是引导。

(1)激发学生实践探索的兴趣，培养其观察能力。观察能力的培养，不是靠别人哺育式地灌输的，而是要靠自己在观察实践中“悟”出来的。刚开始观察时，学生免不了要胡想、胡说、胡干，但在观察活动中会慢慢掌握观察的方法和步骤，然后教师再引导他们“去粗取精、去伪存真、由此及彼”。

(2)给学生提供尽量多的观察机会。虽然观察能力不是灌输的，但是可以在实践中发展的。因此，观察不能搞“假把式”。科学课上必须为学生提供更多的观察机会。比如：讲到“种子”，就必须让学生面对“各种各样的种子”；讲到“蚯蚓”“蜗牛”，就必须把“蚯蚓”和“蜗牛”请到课堂上。讲到“油菜花”，就必须有真实的“油菜花”摆在学生的面前，甚至把学生带到油菜地里去。

(3)观察活动设计要合理、充分。活动方案是提高活动质量的保证。活动方案设计的充分、仔细是获得活动效果的前提。一个活动方案一般包括活动选题、目标确定、资源准备、过程设计和成果展示等五个环节。

如《花、果实和种子》观察活动设计：

观察对象——这种花的雌蕊、雄蕊。这是教材规定的观察内容。

设定观察目标——知道花蕊的构造。使用感官和放大镜，发现花蕊的特征。会比较不同花蕊的异同。体验探究带来的乐趣。

资源准备——不少于三种完全花、放大镜、棉签、白纸、记录笔等。

过程设计——导入——观察实践——信息收集与整理。

成果展示——展示、交流与评价。

导入：

①谈话：我们已经认识了各种各样的花，知道了花担负着产生种子、繁衍新生命的任务。植物的果实都是怎么形成的呢？我们来从花上做更仔细的研究。关于这个花，我们该怎么来开展研究呢？

②组织学生讨论研究的方法。

设计观察方案：

①组织学生交流设想。

②明确研究花的方法和程序，发放学习记录单。

观察油菜花的雄蕊和雌蕊：

A. 我们用什么方法才能更好地观察雄蕊和雌蕊呢？放大镜。

B. 教师用微课演示观察过程，学生归纳研究方法。

解剖油菜花→用放大镜观察雄蕊的各部分——花丝和花药→把花药上的花粉抖落在白纸上进行观察 →再用放大镜观察雌蕊的各部分——子房、花柱和柱头→用手轻触柱头，观察柱头是否有黏性→再将白纸上的花粉抖落在柱头上，看看柱头是否很容易将花粉黏住。

观察其他花蕊的雌蕊和雄蕊：

比较归纳雌蕊、雄蕊的相同点。

思考：雄蕊和雌蕊的这些构造特点与它繁殖后代的功能有什么联系？

提示：正确使用放大镜进行观察，及时记录观察中的发现。

③学生观察实践，教师巡视指导，提醒及时记录。

成果展示：

使用实物投影将学生的观察记录展示给全班同学，并邀请相关同学介绍自己的观察记录成果。

▶让学生掌握科学的观察方法。

(1)顺序法。自然事物和自然现象都有各自的“序”，在空间上有各自的位置，在时间上有各自的发展过程。因此，在自然教学中，应让学生在观察时根据观察对象的特点，做到心里有个观察的“序”。也就是说先看什么，后看什么，要有一定的次序，只有观察有序，才能达到观察的目的。顺序法可分为方位顺序和时间顺序。

①方位顺序法。由整体到部分或由部分到整体；先上后下或先下后上；由左至右或由右至左；由近及远或由远及近；由表及里或由里及表；先中间后两边或先四周后中间；定点观察或移点观察(随着观察对象的行踪而改变观察点)。

②时间顺序法。即按观察对象的先后发展顺序观察。如：指导学生观察一天中太阳下的物体变化，观察蝌蚪的发育过程，观察蚕一生的变化，观察月亮在不同日期同一时刻在天空中位置的变化等。

无论是方位顺序观察还是时间顺序观察，它们都不是孤立的，如果只用一种观察方法贯穿于一次观察全过程，就不可能观察得全面、细致。因此，只有用多层次、多角度的观察方法，围绕观察目的进行观察，才能真正把握自然事物之间的联系和变化。

(2)比较法。比较是人们认识自然事物或现象最常用的方法之一。在自然教学中，运用比较观察容易发现自然事物或现象之间的异同。

(3)推断法。在自然教学中指导学生观察时，不应使学生局限于通过直观形象反映客观事物，必须引导他们学会逻辑的判断和推理，把观察同思维的间接性与概括性结合起来。只有在观察中思维，在思维中观察，才能真正培养学生观察能力。有目的地引导学生在实验前、实验中及实验后进行有根有据、合情合理的推理训练，才有助于学生掌握观察中的推理方法，才能真正把“观”与“察”有机结合起来。

(4)想象法。学生在认识自然事物时，不仅能感知直观的事物和现象，回忆他们自己曾经经历过的事物和现象的“形象”，而且还能把这些感知的和浮现的表象在大脑中进行组合加工，形成新“形象”，这就是学生学习自然的想象过程。在指导学生观察时，教师若能适时启发学生想象，就可使观察插上翅膀，意境更加广阔，从而发展学生的想象能力。

(5)提纲法。在学生观察自然事物和自然现象之前，教师列出观察提纲，然后指导学生进行观察，是培养和发展学生观察能力的有效方法。

2-3　怎么帮助学生建构科学概念

问题呈现

在引导学生开展探究性学习中，如何指导学生从众多客观事物中舍弃个别的、非本质的属性，抽象出共同的、本质的属性，把事物的共同特征归结在一起，概括形成概念或一般的原理，是中高年级科学启蒙教育必须深入研究的课题。

学习指导策略

概念是理性认识。教学生形成概念，就是将学生已有的感性认识发展成为概念。发展的过程就是“抽象”——“经过思考的作用，将丰富的感性材料加以去粗取精、去伪存真、由此及彼、由表及里的改造……”通过思维加工出概念，就像木工造桌子一样，一要有造桌子的材料，二要有造桌子的工具。木工运用工具对材料进行加工，才能造出桌子。联系我们的概念教学，我们要让学生掌握了丰富的感性材料，再指导学生怎样运用他们已经掌握的思维工具，对感性材料进行思维加工，实现认识从感性到理性的飞跃。研究这些问题，使我们的概念教学建立在哲学认识论的基础上，成为改进概念教学的方向。

概念教学一般需要经历如下的过程：

第一，情境中提出要研究的问题。概念如何引入，直接关系到学生对概念的理解和接受。小学生学习概念一般是从感知具体事物，获得感性认知开始的。因此我们要重视对问题情境的创设，激发学生思维，使学生产生积极主动学习新知识的欲望。

第二，假设问题，设计实验(观察、调查、阅读、讨论)获取证据。概念的获得是学生经过分析、综合、比较、抽象、概括的结果。只有在概念引入之后，引导学生自己主动探索，激发、深化学生思维，才能使其理解概念。

第三，根据获取的证据，得出合理的认知(建立合理的概念)。概念的抽象与概括要注意多层次地进行，概念的形成也不是一次完成的，要经过一个反复的过程，经过多层次的比较、分析与综合，才能真正发展学生的思维结构，让学生真正理解概念。在教学过程中教师应帮助学生建立清晰的概念，理解掌握概念的内涵和外延。

概念教学中反复引导学生经历这样的实践训练，也就是在潜移默化地对学生进行唯物主义思想方法和工作方法的教育。

这个过程和早先的自然课教学的认知过程没有什么区别。不同的是在知识的认知过程中教师和学生的地位、作用发生了变化。教师是学生认知的组织者、参与者；学生是认知的主体。所有的认识都要通过学生的自主活动获得、建立。

接下来我们来看两个科学概念的建立过程：

①关于“溶解”的概念，这是教科版四年级的一个概念。

按课本上的要求，学生观察到的现象应该是：食盐的颗粒越来越小，最后变得肉眼看不见了，分散在水中了。而到第二课时才让学生观察高锰酸钾在水中的溶解状况。在这种情况下，学生对“溶解”的理解就很肤浅。

倘若我们把这两课进行整合，先让学生观察食盐在水中的变化，食盐的颗粒越来越小，最后变得肉眼看不见了。

到这里，老师不妨问一下，食盐到了那里去了呢？

再让学生观察高锰酸钾在水中的变化。

学生会观察到高锰酸钾颗粒从可见到不可见，分散后的均匀分布。水从无色到有色的变化过程。这样学生头脑中溶解的概念就变得丰富了，物质在水中的溶解过程是一个慢慢扩散的过程，溶质在溶液里的分布是均匀的。

②关于“凝结”的概念建立。凝结是教科版三年级《水单元》的一个科学概念。

材料准备：盖玻片每组 2 片、烧杯每组 2 个、温水若干、冰块若干

介绍实验观察器材，请同学们把冷热不同的玻璃片分别盖在装有同样多温水的杯子上，观察玻璃片上的变化。

学生观察并汇报。

师：这些小水珠是怎么来的呢？

根据学生的回答，教师肯定是杯子里的水蒸气遇到冷的玻璃片变成了小水珠。

如果到这里，我们就给出“凝结”的概念，那么这个概念是不丰富的。

我们还可以接着往下做。

请学生把杯子里的水倒掉，再把冰块放入杯子里，观察杯子外面有什么变化？

学生操作观察并汇报。

追问：小水珠是怎么来的？

师：生活中我们遇到过这样的例子吗？

听取学生的汇报。

师：像这样，水蒸气遇到冷的物体变成小水珠的现象，科学上叫做“凝结”。

这样将概念融入生活，引导学生观察、比较，抽象提炼，“凝结”的内涵就丰富起来了。

对一些难以表达的概念，我们可以借助学生的活动体验来建立，比如：“重力”“摩擦力”的概念。

2-4 如何阅读科学教材——以现在使用的教材为例

问题呈现

教材是实施教学的基础，无论是“物质世界”还是“生命世界”的内容，都必须先读懂教材，了解教材编写的意图，然后才能依此确定教学目标和安排教学过程，并实施有效教学。

学习指导策略

▶什么是教材

什么是教材？也许你从来就没有认真思考过，也许你会脱口而出，课本。其实，作为教师，需要对教材有一个客观、辩证的认识。教材不仅仅是课本，它是提供你上课的一系列素材。郝京华教授是这样说的：“我们所说的教材是一个大教材观，不仅仅是课本。教材是一个系统，是一个工具包。它包括教师用书、学生用书（课本）、学生的科学活动记录手册（或者实验手册）、配套的工具箱和相关的光盘录像等一系列供学生和老师使用学习的资料。”依据郝教授的论述，我们读教材就不仅仅是读课本，还要读一系列的相关资料。

▶**熟悉学业要求**

任何版本的教材，它的编写依据都是科学（三至六年级）课程标准，各年级学业要求各不相同，能力水平不断提高。比如：

（1）科学探究：

三年级，观察描述特定物体，并依据观察现象进行提问。四年级，学习对同一主题的不同侧面的研究，学习制定研究计划。五年级，能够完成较为完整的探究学习过程。六年级，能够尝试开展较为开放的自主探究活动。涉及探究的目标动词主要有"会"和"能够"。

（2）科学知识：

按照科学（三至六年级）课程标准，教材把科学知识分为"生命科学""物质科学"和"地球宇宙"三大模块。

"生命科学"模块的教材编写是这样安排：三、四年级主要是由"观察生命体的特征"开始，过渡到"观察生命体的变化"、"生命体的结构"和"了解生命体的功能"，五、六年级主要是"认识生命体的相互作用和依存关系"。

"物质科学"模块的教材编写安排是：先认识"物体和材料的特征"，再"了解能量（声光电热磁）"，然后是"运动和力"以及"物质之间的相互作用"。

"地球和宇宙"模块的教材编写安排是：四年级认识"地球物质特征"，五年级"了解地球物质的变化"和"了解天体运行"，六年级"了解宇宙天体系统"。

阅读教材，需从"个体特征"→"变化特征"→"系统特征"的发展线索上进行把握。涉及"知识"的目标动词主要有三个，分别是"知道""认识"和"理解"。此外，内容的提炼需要考虑小学生的特点，尽量不使用学术概念，应采用描述概念。比如"溶解"：在小学里，我们可以说"像食盐这样，在水中颗粒越变越小，最后肉眼看不见了，分散在水里了，我们就说食盐在水中溶解了"。

（3）情感态度价值观：

"情感态度价值观"，不能像传授知识一样直接"教"给学生，而是要创设机会，设计活动，让学生在互动中感受。"情感"：主要是指一个人的感情指向和情绪体验，换句话说，就是兴趣、爱好、喜欢等。这是形成"态度"的前提。

“态度”:主要指一个人对待事物的倾向性，是积极还是消极。“价值观”:主要指一个人对待科学事物的基本看法。涉及“情感态度价值观”的目标，主要是“体验”和“意识”。“情感态度价值观”是蕴藏在科学教学的活动中，是伴随着活动的开展而内化生成的。而活动又是和知识与方法相联系的，所以，读教材务必要读懂“活动”。

▶理解活动的特征和内涵

小学科学一般不以结论加论证的方式展开教学内容，而是尽可能地通过设计活动引导小学生通过探究自己得出结论。

活动是三维目标的有效载体，读活动，需要读出三维目标。

活动是学生的活动，必须读出学生在活动中的主体地位。

读活动，挖掘活动的空间。理解活动的意义，方式和空间架构。

读活动，明了活动开展的条件和环境。对照、改变、设计和创新，为校本课程资源开发建设创造条件。

▶呈现阅读成果

支架式呈现:使用结构图，整合单元和整册教材三维目标。例如:

教科版六年级科学下册单元知识结构图。

微小世界与我们的生活

- 微小世界
  - 放大镜
    - 作用
    - 特点
      - 昆虫世界
      - 晶体
    - 用途
  - 显微镜
    - 载玻片制作
    - 显微镜结构
    - 用途
      - 观察生物的细胞
      - 观察水中的微生物

画知识树:“知识树”是 国际著名金融专家丁大卫教授历经 20 多年潜心研究与大量实践创立的。他认为“知识的结构、形成规律和过程与树的结构、生长规律和过程如出一辙”。此后，该技术被引入教育教学。在帮助教师研读教材，备课设计等方面起到了很好的效用。可以用来呈现一册书、一个单元或一课的三维目标。例如:

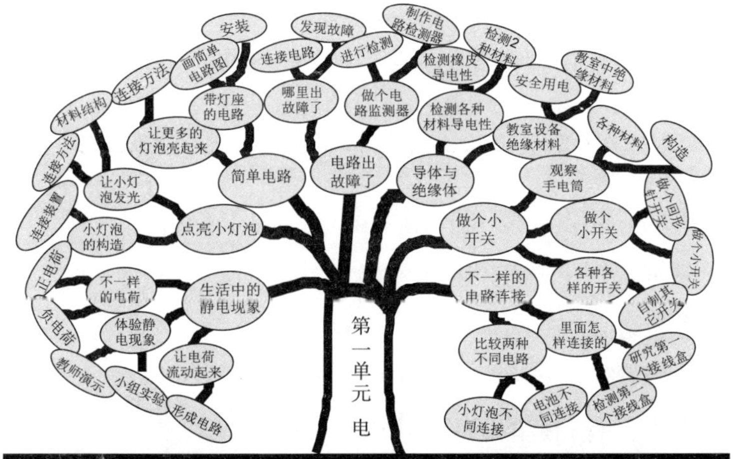

四年级科学下册知识树

2-5　如何备好科学课

问题呈现

教师要上好课，必须要做好课前准备。在科学课前，我们要做哪些方面的准备呢？

学习指导策略

第一，深入钻研教材。

钻研教材一般需要三个步骤：

第一步，反复阅读，全面深入了解教材（如何读教材前面已有阐述）。揣摩编者意图。

第二步，评价教材。依据课程标准，学校实际和个人能力，对教材进行评价。

第三步，处理教材。包括结构调整、内容删减、更换等。

通过钻研，可以使科学教学实现“源于教材而优于教材”。

第二,学习有关的知识,掌握所需的技能。

这里包括学科知识;教学理论与方法;实验操作、观察指导、模型制作等技能。

第三,全面了解学生。

包括学生的兴趣点在哪儿?学生的原有知识(前概念如何)?学生的认知力如何?只有了解了学生,教师才能做到教前心中有数,教学目标的设置才有可能科学合理。

第四,编制教案。

一般情况下,一篇教学设计包括以下内容:

①目标设计

②教学重难点

③教学准备

④教学过程设计

⑤教学板书设计

一篇教案,有这五个方面的内容,就算是合格了。但是一篇完整的教学设计还应该包括:理论指导、内容分析、学情分析、教学评价设计和教学特色分析(简述)、课后反思等内容。

第五,准备观察、实验器材。

根据教学设计,准备齐所需器材。反复实验器材,确定性能稳定,不会影响教学效果。根据试用情况变更器材。

这些都是教科书上要求我们这么做的,都是一些程序性的要求。在执行过程中笔者也有一些体会,称其为"十备科学课",原文刊发在《安徽教育科研》2009 年第四期上。

一备科学知识

小学科学内容涉及物理、化学、生物、地理等多个学科范畴,目前还没有一所专业学校来培养这样专业对口的科学教师。要当好小学科学教师,需要把自己修炼成"杂家""万事通"。为此,备课时需要关注四个方面:第一是熟悉课本内容;第二是正确理解科学概念;第三是思考如何恰当描述科学概念;

第四是深究知识的延伸。

比如：教育科学版六年级上册《电能与能量》一课，在备课时，教师不能只停留在课本的知识层面。电能让物体发出声音，就把电具有的这种能量，叫作“电能”。那万一学生说，“屁”也能发出声音，能叫“屁能”吗？因此，我们在备课时，就必须对能量有个科学的界定，这虽然不需要讲给学生，但教师心里是要清楚的。书上给出了“声能”的概念，但接着又说，运动物体具有的能量叫“动能”。仔细想想，这里是有问题的。声音不是物体的运动吗？所以，在备课的时候，科学概念是含糊不得的。科学“课程目标”里要求“关心科技的新发展”，因此，在备课时就要储备一些延展性的科学知识。比如《电能与能量》一课里提到了“光能”和“声音的能量”，在备课时，教师不能停留在教材的层面，还需要对“激光”和“超声”等概念有一个全面的了解。

二备探究问题的提出

科学探究是科学课程的核心。在备课时，考虑怎样出现这节课探究的科学问题很重要。通常使用的有两种方式：第一，教师提出探究问题，问题的提出要以设定的教学目标和学生的前概念水平为基础；第二，让学生在一定的情境中自己提出探究的问题。

比如：教育科学版五年级上册《用橡皮筋作动力》一课，备课时，你可以到马路边拍摄一段行进的汽车、电动车、人力车影像，上课时播放给学生看。问学生：“分别是什么力量驱动了这些车辆？”然后，出示“用橡皮筋作动力”的小车，演示小车的运动。问：“是什么力量驱动了这辆小车？”问题这样提出，延续了前面的“力与物体的运动”，又为“弹力”的引出做了铺垫。

又如：教育科学版四年级上册《声音的产生》一课，在备课时，考虑如何让学生听声音、造声音，让学生在你营造的情境中，感受声音的无处不在与奇妙变化。你再问学生：“关于声音，我们有什么问题需要研究吗？”此时，学生会把心中的疑问都说出来。那么对声音是怎么产生的探究，也就成为了学生自觉的行为了。他们能不投入吗？

三备探究材料的准备

选择合适的探究材料是有效探究活动的基础和保证。在准备探究材料时应该遵循以下五项原则：

原则一，科学性。即相对于要探究的现象、原理，材料的选择、组装、探究设计都必须是正确的。比如：教育科学版四年级下册《物体在水中的沉浮》一课，若按教材安排选用胡萝卜作实验材料，当学生把胡萝卜切成小块时，就有可能由浮变沉。这样就会影响科学探究的科学性。若选择茄子作探究材料，就不会出现这样的问题。

原则二，直观性。就是说材料必须能够清晰地显示某种性状或变化。比如：教育科学版五年级下探究“钢条会伸长吗？”学生就很难看到明显的变化。那么在备课时，就要准备更合适的材料来替换。再如：用碘酒检查“淀粉的踪迹”，有学生直接把碘酒滴在土豆上，性状的显现就不理想。如果在备课时把土豆用开水烫一下，现象就会十分明显。

原则三，可靠性。探究材料精心选择后，还要在课前反复实验，以保证学生在探究时，成功率高，效果明显。比如：模拟火山，对土豆泥和番茄酱都有较高的要求。只有将土豆泥和罐体较好地粘在一起，且番茄酱的浓度合适时，给罐体加热时才能明显地看到有“岩浆”涌出。

原则四，安全性。即材料的选择不会对学生造成安全隐患。比如：教育科学版五下，探究“热在金属片中的传递”，使用酒精灯给涂蜡的金属片加热，就很难保证学生在使用酒精灯时不出意外。如果改用点燃蜡烛来加热，借助金属片上蜡的融化，也一样能看到热的传递。

原则五，方便性。即方便学生操作。这在学生分组探究时尤为重要。比如：教育科学版四上探究“声音的产生”时，要学生观察物体发声时在振动。书上安排的是敲击音叉，借助水面的波纹，观察音叉的振动，学生操作就有一定的困难且实验器材也较难准备。如果选择要学生用手捏住镊子用力快速捋过，听声音，看镊叉的振动，就很方便了。

四备探究材料的发放

探究材料在课堂上什么时候发放、用什么方式发放，都会直接影响到探究的效果。材料呈现的时机要为推动教学进程服务。呈现过早会分散学生的注意力，呈现过晚会影响教学进度。如果想用材料来引导学生探究的方向，那么就可以在学生讨论探究方案前呈现。比如：《用橡皮筋作动力》可以根据学生的讨论，分步呈现材料。比如：探究“液体的热胀冷缩”，发放的方式主要有课前发放在实验桌上；课前藏在实验桌的抽屉里、容器里；分组到讲台上来领取，由老师发放；分小组到材料区拿去。选择发放方式，需要遵循的首要原则是保证探究的秩序，其次体现学生的自主探究性。

五备探究难度的选择

探究内容的难度决定着学生探究活动的有效性。在备课时必须要考虑学生的实际水平，审视探究内容的难度是否适中。

比如：苏教版三年级下册“探究液体的流动性”。这是一组有控制变量的研究，要求在相同斜坡上的相同高度同时倾倒同样多的不同液体。我们面对的只是三年级的小学生，他们接触科学探究还不到一年，课堂上要求学生去进行难度较高的科学探究，显然是不合理的。

再如：苏教版三年级下册《太阳在天空中的位置》一课，“让学生在阳光下立一物体，从物体的顶端拉一根细线到物体影子的顶端，再用量角器量出地面和细线之间的夹角的度数”。此前，学生还没有接触过“量角器”，而且教会学生使用量角器测量平面角也要花很大的力气。第一次就让学生拿着量角器去做实际的测量，要求太高了。这样的探究安排又怎么能收到好的效果呢？所以，在备课时一定要审视探究内容的难度是否适当，不是书上安排的就一定是适合学生探究的。

六备探究方法的掌握

在学生探究之前，教师要亲手用选定的器材做一做，这样才有可能发现学生在探究中可能遇到的问题和困难，从而做好预设。

曾经听过这样一节公开课，一位年轻教师执教苏教版六年级下册《各种各样的能量》。课中有一项探究“能量大小与物体运动的关系”活动安排，老师已经考虑到把垂直发射改为了水平发射。结果在课堂上还是发现，有的小组把“火箭”发射到了桌子上，有的小组的“火箭”落在了地上。在这样的情况下，学生进行了距离的测量和记录，并以此来说明“火箭”发射的距离和橡皮筋能量大小之间的关系，结果显然是不合适的。

再如：曾听过这样一节课堂教学比赛课，课题是教育科学版六年级上《拱形的力量》。教师让学生把给定的纸张卷成拱形，置于桌子上，分两种不同情况向拱上增加重物（一元硬币），先是让拱足散开，后是用书把拱足抵住。于是学生的探究开始了。结果在学生汇报时，收集到的数据相差甚大，给分析数据带来很大的麻烦。原因出在有的小组将硬币摞在一起放在“拱上”，有的小组将硬币分散开来排在“拱上”。如果教师在备课时将不同探究方式都试一试，学生在探究中可能出现的问题也就可以事先预见了。

七备探究形式的安排

目前常用的探究方式主要有观察演示；分组实验、操作；阅读资料等。采用什么样的探究方式，要据探究的内容来确定。

比如：教育科学版五年级上册《用橡皮筋作动力》，要学生自主探究“橡皮筋缠绕的圈数和小车行进的距离关系”，还要探究“为什么”。如果都安排学生分组探究，收集证据，时间是绝对不允许的。在备课时，我们可以重点安排学生自主探究“橡皮筋缠绕的圈数和小车行进的距离关系”，而采用让学生观察演示的方式来解决“为什么橡皮筋缠绕的圈数会和小车先进的距离有关系”的问题，然后再利用学生在观察演示现象时的认识，给出“弹力”的概念，一气呵成，突破难点。实践证明，这种教学效果极佳。

八备探究活动量的控制

一节课只有四十分钟，而有些教材里往往会安排几个探究活动，这就要在备课时做好选择，要舍得放弃。

比如：《用橡皮筋作动力》一课，安排的探究活动就有三项，探究“橡皮筋缠绕方向和小车行进的方向”；探究“橡皮筋缠绕的圈数和小车行进的距离关系”；探究“弹力的大小与物体形变的关系”。如果三项探究都安排在课堂上教学，时间不够是可想而知的，主要的探究活动效果也会大打折扣的。

再如：教育科学版四上《一天的食物》，让学生记录下一天食物的名称，就要花去很长的时间，有的学生要记录三十几种，单就汇报食物的名称就要花去几分钟。经过实践和反思后，我决定将“记录一天的食物”改为“记录离上课时间最近的一餐的食物”，这样食物的种类大大地减少，为探究食物的分类赢得了大量的时间，取得了非常满意的教学效果。

九备探究时间的预留

给多少时间让孩子自主探究，这在备课时就要做好充分的考虑，不能留在课堂上拍脑袋决定。

科学探究包括探究问题的提出、对探究问题的假设、探究方案的设计、探究实践中证据的获得等环节。这里所说的“探究时间”是指留给学生探究实践的时间。时间留多少要根据探究内容来确定，比如，让学生养蚕，观察蚕的一生变化，你要留给学生近五十天的时间。不能今天让学生养蚕观察，明天就按教材编排的顺序来总结。课堂上指导学生利用身边的材料进行的探究活动，预留时间也不相同。让学生观察物体性状的探究时间一般要少于需要利用测量等技术手段收集数据的探究时间。

比如：教育科学版六年级下册《物质发生了什么变化》一课，让学生探究“沙”和“黄豆”混合后的变化。观察、操作、记录加在一起五六分钟也就解决了。但是像探究“橡皮筋缠绕的圈数和小车行进的距离关系”，这是需要利用测量工具收集数据的探究，即使预留十八分钟也不宽裕。

十备探究结果的处理

当学生经过一番探究之后，获得了第一手资料（证据、信息），对这些资料该如何处理呢？这也要在备课的时候做好方向性的预设。

第一，处理探究证据的第一要素是组织学生甄别证据的真伪。学生在探究过程中，由于操作等各种因素，可能会收集到一些错误的证据。比如：教学教育科学版五年级上册《测量呼吸和心跳》一课，在汇报时，有生报告呼吸45次/分；心跳15次/分，这种结果明显是不准确的。再如，测量“橡皮筋缠绕的圈数和小车行进的距离”，在汇报时就会出现缠绕圈数多反而小车行进距离短的结果。像这样的问题，教师在备课时就要有预见，想好处理的策略。

第二，要备如何利用学生的证据，发展学生的思维。比如：《声音的产生》一课，当学生观察了多种物体的发声事实之后，讨论这些发声物体有什么共同之处呢？由此，我们可以做怎样的推想呢？这种方法多用于规律性事物的探究上。

第三，备结论的应用。其一，拓展了解事物性质的应用。比如，当学生认识了物体在发生了形变或体积改变时会产生弹力后，要组织学生讨论，在我们的生产、生活中有哪些地方用到了物体的这种性质？其二，解释常见的事物现象。例如，当我们引导学生探究了“物体一般都有热胀冷缩的性质”后，设计一个环节，讨论一下，为什么水泥马路不铺成一块整体，而要分割成许多块？为什么烧热的砂罐子遇到冷水容易破裂？这样既应用了知识，锻炼了思维，又会让学生体会到科学就在我们身边。

天道酬勤，成功永远垂青有准备的人，只要我们能够做到仔细观察、勤于研究、深入实践和及时反思，课就一定会精彩。

2-6　从“沉与浮”看科学概念的进阶

——《沉与浮》单元备课中的思考

问题呈现

小学科学教材以主题的形式呈现探究学习的内容，每一个主题探究模块都会涉及若干科学概念。要指导学生有序探究，教师在备课时就有必要理清概念之间的关系。

学习指导策略

从 2015 年小学科学年会课上的一节课说起，这是截取的一个片段。

师：你认为哪些因素影响物体沉浮？

生：我认为密度大于 1 的东西会沉，密度小于 1 的东西会浮。但像制造船所用的铁的密度是 5.6，因为里面有大量的空气，所以虽然铁的密度大于 1，但是加上空气后总密度就小于 1，所以它可以浮起来。

师：你能解释一下密度是什么意思？

生：密度的意思就是一个东西放在水里能排开的水量，例如水的密度就是 1，那么 1 吨水放在水里面，它就能排开 1 吨水；黄金的密度是 16.9，黄金放在水里面就能排开 16.9 吨水，干木头的密度大约是 0.8，就会排开的水比较少。当然，如果是湿木头的话，它的密度算下来可能是大于 1，所以它有可能会沉。

（以上这段话是实录，概念的表达，语句的叙述都有很多的问题，引用这段话是为了后面的概念介绍。）

（1）密度是单位体积的质量。物体的沉浮涉及密度，密度涉及体积和质量两个变量，这对小学阶段五年级的学生是有难度的。

（2）现行课程标准在认识材料沉浮问题上要求不高，没有到“密度”概念的层次上，只要求知道浮力是一种水对物体向上的托力，知道影响物体沉浮原因究竟是什么。

五年级设立的《沉与浮》单元，共有八课，下面从科学概念的进阶角度，分析“密度”概念形成的过程。

（1）学生在生活中已经对沉与浮的问题有初步的经验了，观察身边的现象时会发现，体积大的容易浮，体积小的容易沉；重的物体容易沉，轻的物体容易浮。这个经验可以解释我们日常生活中的许多的现象，如：小石子比树叶重，所以小石子在水中的状态是沉的，树叶在水中是浮的。

沉的物体名称	浮的物体名称
小石子、铁块、水泥块、硬币、橡皮、土豆、勺子	树叶、干木头、塑料、泡沫、救生圈、蜡烛、乒乓球

基于学生这样的前概念，在《物体在水中是沉还是浮》一课中设计了探究实验，对同样的材料按分割、堆积、连接等方式进行探究。如：切割橡皮和萝卜，改变体积大小；增加回形针的个数和小木块的个数改变物体的重量，以此探究沉浮变化的规律。

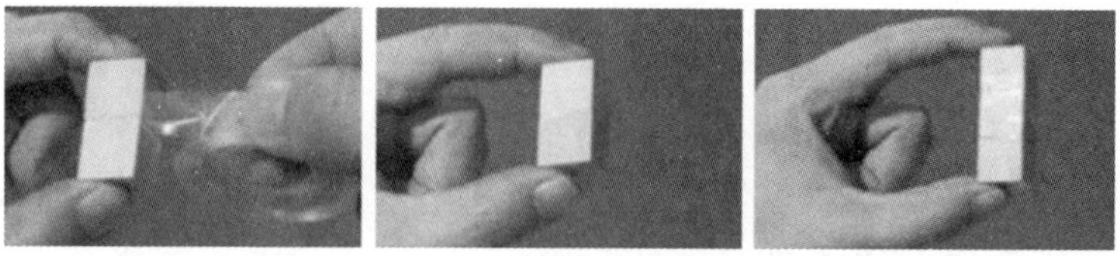

探究的结果是：物体的沉浮与材料的轻重、体积没有关系，与材料本身有关。

(2)在《沉浮与什么因素有关》一课探究时，学生会发现相同体积、不同重量的物体在水中的沉浮情况不同；相同重量、不同体积的物体在水中的沉浮情况也不相同。

这和上节课达成的共识表面上看是有冲突的，其实是控制重量，改变体积，发现沉浮情况。控制体积，改变轻重，发现物体的沉浮情况，是控制变量的思路。

本节课就会达成一个共识，重量相同的物体，体积越大，越容易浮；体积越小，越容易沉。体积相同的物体，重量越重，物体越容易沉；重量越轻物体越容易浮。这是概念的进阶发展，知道了是在相应的前提下才能比较体积和轻重，认识到了物体的体积和轻重共同影响着物体的沉浮。

应该清晰地区分开物体的沉浮与材料的沉浮是两个概念。物体可以是同一个材料构成的，也可以是几种不同的材料构成的。同一种材料构成的物体，改变物体的体积的同时必然会改变物体的重量，改变物体的重量的同时必然会改变物体的体积，而不同材料构成的物体则不然。

(3)《橡皮泥在水中的沉浮》一课中，用改变橡皮泥的形状来探究，做成船形的时候，物体的轻重没有发生改变，但体积改变了，沉浮也发生了变化。这又否定了前面学习的内容，认识产生了冲突，那么是什么影响了物体沉浮呢？这就是物体在水中的排开水量。

物体的排水量发生了变化导致物体沉浮情况发生了变化，影响物体沉浮情况的因素是物体在水中排开水的体积。

应该清晰地分清楚物体体积和物体排开水的体积两个概念。橡皮泥在改变形状前后本身的体积没有改变，它排开水的体积却发生了改变，这时它排开水的体积就大于本身的体积。

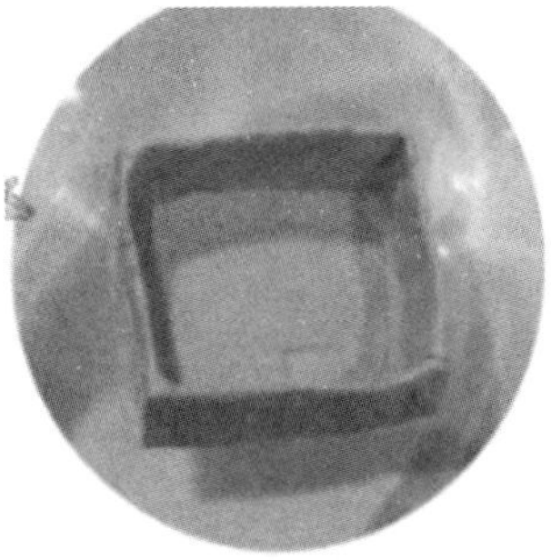

(4)《浮力》的课堂探究活动目标是认识“浮力是水对物体的向上的托力”，要在探究中发现物体在水中时受到“浮力”和“重力”的共同作用，二力大小关系，决定着物体的沉浮情况。当物体受到的浮力大于重力时，物体上浮；当物体受到的浮力小于重力时，物体下沉。

这时关于物体“沉浮”影响的因素聚焦于物体所受的“重力”与所受到“浮力”大小比较，在物体的自重不变的情况下，决定浮力大小的因素只有一条，就是“排水量”。

浮力的大小可以测量，即物体受到水的浮力大小与物体排开水的量有关。排开水的量越多，物体受到水的浮力越大；排开水的量越少，物体受到水的浮力越小。

(5)一个水槽里装有清水，一个水槽里装有溶解其他未知物质的液体，把同一个土豆放入其中，出现了不同的现象，可以观察到土豆放在水槽 A 中现象是沉，放在水槽 B 中的现象是浮。

A. 马铃薯在清水中

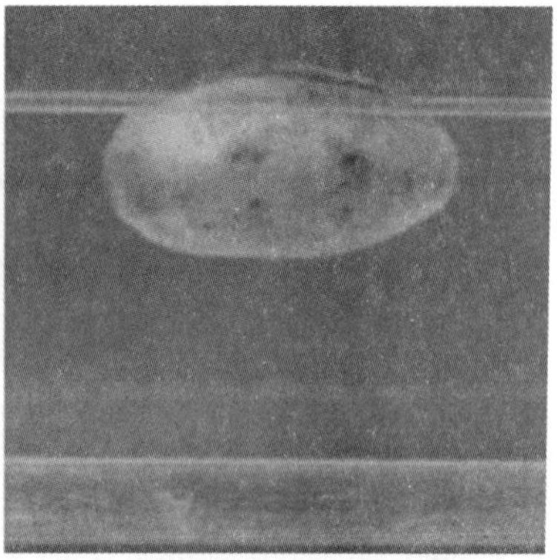

B. 马铃薯在不知名的液体中

物体的重量不变，在水中排开水的量也没变，但是物体在不同的液体里沉浮情况发生了改变。学生观察到这个现象和之前的结论产生了认知的冲突，这时就引入另外一个影响物体“沉浮”的因素—液体。

同一个物体放在不同的液体中，排开水的体积是相同的，但是排开液体的重量不同。

物体在液体中受到的“浮力”等于排开液体的“重力”，决定物体的沉浮的因素是排开液体的重量，这就是阿基米德的定理。

同等体积下的物体重量和排开的液体的重力相比较，可以判断物体的沉浮。当排开液体的重大于物体的重力时，物体上浮。当排开液体的重小于物体的重力时，物体下沉。

思考：

(1)相同体积的物体重量和排开的液体的重量不同，这是因为单位体积下的重量是不同，就是他们的“密度”是不同的。学生此时形成的“密度”概念还是由相同体积下的重量相比较得来的，还没有认知到“密度”是物体本身的性质。

(2)学生对沉浮的现象的解释主要是排开液体的重量与自身重量相比较，也就是浮力、重力的二力相互作用上。这样更符合学生认知规律，五年级的学生认知特点主要是通过对具体事物的感知，还没有发展到利用“测量”和“计算”的方法认识“密度”的水平。

(3)橡皮泥改变了形状，没有改变自身的密度，但结果是改变了在水中的沉浮状态，这是和学生对“密度”认知产生冲突的。其实改变的是橡皮泥和空气的平均密度，这是现阶段学生难以理解的，所以还是留给初中物理来解决这个问题。

(4)每节课我们得出来不是科学概念，也不是结论，只不过是这节课的共识罢了。有时候在一节课中，利用结构化材料进行探究，得出来的共识不一定是完整的、准确的。科学概念就是从共识中不断进阶完善出来的，有的“大科学概念”也是在不断进阶和完善中得来的，甚至现在也只是初步的认识阶段，也许还有可能被推翻，再重新认识。

(合肥市包河区张永供稿)

3 小学科学物质世界学习课例研究

3-1 围绕概念建构 丰富探究体验

——《用橡皮筋作动力》的教学

课例展示

【背景分析】

《用橡皮筋作动力》是教育科学版小学科学五年级上《力与运动》单元中的第二课。在上一节课中，学生认识了重力作用于车身使小车前进的方法。在本节课中，要求让学生认识到弹力作用于小车的车轴，通过车轮转动带动车身前进的方法。课文中只讲橡皮筋驱动小车，没有讲驱动小车的原理和方法。

本课教学主要安排三个活动：

第一，安装用橡皮筋驱动的小车；

第二，研究橡皮筋缠绕的圈数与小车行驶距离的关系；

第三，引导学生认识弹力，了解弹力的产生。

教学这一课，容易陷入的误区是，重活动而轻了概念。课堂中需要制作小车，然后再用小车探究，最后认识“弹力”。活动做得很热闹，学生玩的成分大于探究的成分，教学低效，甚至无效。如何把“概念”融入活动教学中，一直困扰着大家。

【情境与描述】

1. 利用多媒体将学生卷入大情境中。

上课伊始，如何更快地把学生的注意力聚焦到科学学习的内容上，一直以来都是教者关注的问题。在这一课里，教材上采用的是图片导入法，这个办法虽然简单，但不一定有效。实验证明多媒体展现问题更能聚焦，学生更容易被吸引。

师：城市的繁荣首先表现在马路上的喧闹，(播放一段资料)看着这川流不息的车辆，你可曾想过是什么力量驱动它们前进的呢？

生：发动机驱动汽车，人力驱动三轮车，电机驱动电动车。

师：(演示橡皮筋作动力的小车)是什么物体产生的力量驱动这个小车，让它运动起来的呢？(板书：橡皮筋作动力；介绍小车的使用方法。)

如果按照教材安排，指导学生做小车的拼装，课堂时间不够。这样安排既节约了时间，也更能让学生集中探究的问题，思考现象与结果的关系。

2. 实践操作，收集数据，建立弹力的初步认知。

探究橡皮筋缠绕圈数与小车行驶距离的关系。

师：请各小组试一试，小车能不能动起来？

(生：学生模仿，卷动橡皮筋让小车运动起来。)

生：(举手)，小车打滑，不能运动起来。

师：怎么解决小车打滑的问题呢？(提示：加上重物后不要影响车轮传动，也不要影响橡皮筋产生动力。)

让小车动起来是探究学习的基础。解决了这个技术难题，能为学生的自主探究铺平道路。

师：(阅读记录卡)知道要我们怎么做吗？(特别提示并明确距离的测量)

生：略

只有明确干什么和怎么干，才有可能提高学习的效率。学生在实践中感受弹力的存在和作用的方向，对于理解小车的运动距离和橡皮筋的缠绕圈数的关系至关重要。

3. 建立“弹力”概念，解释小车运动与橡皮筋缠绕圈数的关系。

师：为什么将橡皮筋缠绕到车轴上，小车就能前进呢？

生：(沉默)。

(师：出示弹簧等器材，让学生拉一拉，看看有什么发现？)

A. 用手拉一拉弹簧。

B. 将注射器里吸入2/3的空气，用手堵住出口，压一压活塞。

(师：给出“弹力”概念)

师：请各个小组讨论一下，为什么橡皮筋的缠绕圈数多，小车就跑得远？

生：略

值得一提的是，我在安庆市执教这一课时，课进行到这个环节时，有一名学生要求到讲台上来，使用我的演示器材，作了非常精彩的展示及汇报。这个学生的行为得到了全场的掌声。

4. 拓展练习，加深弹力的理解。

师：人们研究了弹力，并根据弹力的特点，进行了广泛的应用。你们知道哪些地方应用了弹力？

生：略。

（师：播放一些应用弹力的实物图片）

把课堂学习和生活实践相结合，解决生活中的问题，有利于提高学生的实践意识，培养学生的实践能力。

【问题与讨论】

科学概念在学术界还没有统一的界定。有学者认为，科学概念就是对客观物质本质属性的抽象与概括，是人们经过整体考察而获得的理性认识。在小学科学课堂上，建构科学概念，不同于事实的学习、规则的学习，也不是简单的模仿和识记的过程。科学概念的建立是一个复杂的经历，通常需要经历如下的过程：进入学习的情境；实验探究，经历概念的动态生成；发现（建立比较、分析、综合等思维过程，抽象得出科学概念）；应用（应用概念解释情境中的问题）。这是一个问题、探究、发现和理解的过程。

本课例研究，在科学概念的建构中，完全符合概念建构的过程，学生在情境中接触问题（现象），然后进入探究获证的程序中，接着体验、观察、分析、思考，抽象出物体的本质属性——受到外力作用时，形状（大小）会发生改变，同时会产生一个恢复原状的力——“弹力”。然后再回到情境中，认识概念的作用，并推广到生活中应用。

【诠释与研究】

小学科学强调探究，但并不是没有目标。学业标准中都有明确的要求。所有探究活动的开展都必须以“知识”为载体。所以，科学教学必须围绕“知识”，开展探究活动。

科学课堂帮助学生建立科学概念，必须遵循一定的原则。

1. 摸清学生的科学前概念。这是确立教学目标的前提条件。

2. 分析建构概念的过程特点。正确确立认知的平衡→不平衡→建立新的平衡。

3. 针对"概念"，制定策略。这里的策略主要是同化还是顺应。

4. 充分考虑学生概念转变。给以足够的时间和空间，等待"花开"。

课例透析

《用橡皮筋作动力》是教育科学版小学科学五年级上《力与运动》单元的内容。这是我参加合肥市第三届教坛新星评比中的业务考核课。后来又在包河区"自育自学"课题组课堂教学研讨会和2007年安徽省小学科学骨干教师研修班上展示，均获得好评。回想一路走来的历程，有以下几点感悟：上出好课，功夫要下在课外，课内外兼修，精彩才能呈现在课堂。

(1)功夫要下在课外。首先要作好理论上的准备，新课程标准指出了科学课要体现以探究为核心。实际课堂教学不是每节课都必须经历探究的全过程，也可以引导学生经历探究的部分过程。而要落实"科学探究"课堂就要做到"平常而实在"，不要为了表现而表演。这是设计本节课的基本思想，也是把握课堂的灵魂。其次是吃透教材，对于《用橡皮筋作动力》这一课，吃透教材需要把握好以下几点：理解教材编写的意图和思路，只有这样才有可能做到用"教材"教，而不是教"教材"；把握教材在"主题单元里的地位"；理清了"地位"，教学才不会偏离单元训练主题，"弹力"是本节课的核心概念；确定科学合理的教学重难点，有了明确的重难点，教学准备才能有的放矢，过程设计才有轴心可依；材料准备要到位，依据经验，用心揣摩学生在课堂上每个环节里可能出现的情况，并想好对策。

(2)课堂上精彩的呈现，来源于课内外科学的整合。有人说，好课是磨出来的，这句话是有道理的。有时，尽管教者很"用心"，但在课堂上学生也不一定"领情"。比如，第一次把自己的设计实践在课堂上时，"小车"就出了问题。探究的成功率很低，学生的热情很难出现。在正式比赛时，我替换了"小车"，学生的探究热情明显提高。在汇报课上，我发现课堂上虽"预设"了问题，但没有做具体呈现，也会影响效果，于是我又增加了多媒体展示。再后来在骨干教师研讨会上，我又替换了测量工具和部分“探究”内容，结果既节约了时间，又提高了测量的准确性。一路走来，我是不断地将课堂上的情景进行再现与反省，又不断地纠正和完善，广泛地听取同行的建议并进行了合理的整合。

(3)精心的设计与引导赢得了课堂上精彩的回报。课外的精心设计与策划，课堂上有结构的器材发放，充足的探究时间，合理的探究引导为学生营造了愉快、宽松的探究与思考的环境。学生在课堂上主动向老师申请添加探究材料，形成了师生交流互动的一个观摩亮点。学生在回答“为什么橡皮筋缠绕的圈数越多，小车就跑得越远?”时，主动跑到台前，申请使用老师的演示材料来表达自己的观点。课程结束时，老师抓住学生看到“汉代弓弩”时瞬间的惊讶表情而采取的及时鼓励的话语，“这标示了我国古代劳动人民的聪明才智，老师相信，以你们的勤奋，一定会拥有跨时代的智慧”，又再次为课堂赢得了一次掌声。

在课后评议中有人问到：“假如，课堂上没有那几位同学的精彩表现，你该怎么办?”只要课外功夫下得深，方向对、理念新，课堂上不出现这样的精彩，那也一定会出现别样的风景！

3-2 调动思维　参与探究

——《电和磁》教学课例

课例展示

【背景分析】

要学“电和磁”这一课需要有两个学习基础：第一，已经学习过“电”单元，了解电能使小灯泡发光和有关短路方面的知识；第二，已经学习过“磁铁”单元，了解磁铁具有磁性和同极相斥、异极相吸以及磁铁能指示南北方向等方面的知识。所以，要探究电磁现象，必须先复习“电”和“磁”。之后，提出本节课要研究的问题“电和磁之间有没有什么联系”？

引导学生讨论：如果说，磁能产生电，能使小灯泡发光；或者，电能产生磁，具有磁性，那么电和磁之间就有联系了。如果磁不能产生电，电也不能产生磁，电是电，磁是磁，那么它们之间就没有必然的联系。然后让学生通过实验来探究磁能否产生电？电能否产生磁？由于本课的重点是探究电能否产生磁，所以在探究磁能否产生电的过程是一带而过的。通过通电导线和线圈能使指南针发生偏转的实验，证明了电能产生磁，找到了电和磁的联系。然后介绍奥斯特发现电磁现象的过程，使学生从中感受到留意观察、善于思考的重要。最后一个活动：用线圈和指南针检测电池中是否有电。如果仅仅从这一课来说，去掉这一环节并不会产生多大的影响，因为学生还是能解释通电导线和线圈能使指南针发生偏转的真正原因。但是看过《能量》单元第七课《电能从哪里来》“我们来发电”这一活动就能发现，当通过手摇发电机转动小电动机发电后，小灯泡并没有亮起来，那是不是就说明没有电呢？这就不一定了，因为如果电流太弱，小灯泡也无法发光。所以需要线圈和指南针来检验。我们站在整体单元的角度看“电和磁”中的“线圈和指南针检测电池有没有电”的活动，就显得很有必要了。

【情境与描述】

“电和磁”是修订后六上科学教材《能量》单元的第一课，本课也是本次教材修订中改动比较大的一课。本课将“重演”科学史上著名的发现电磁现象的过程，让学生“发现”通电导线能使小磁针偏转，从而认识电可以产生磁。增强学生学习活动的探究性、趣味性。本课有两个活动：第一，指导学生做科学家奥斯特做过的实验——通电导线使指南针偏转，经历对新现象进行分析、解释的思维过程；第二，指导学生做通电线圈使指南针偏转的实验。用线圈代替直导线做电生磁实验，为理解电磁铁原理打下基础，也为研究玩具小电动机埋下伏笔。

由于高年级的学生比较活跃，教师在组织教学时，要大胆放手让学生自主探究，在备课和设计任务时，要充分发挥学生主动参与意识，调动起每一位学生的积极性，满足学生的表现欲望。

1. 复习“电”能让小灯泡发光的实验，引出“电”。电能使小灯泡发光的实验。

师：（出示小灯泡，提问）有什么办法能使小灯泡发光？

生：我有办法。（一名学生上讲台演示）

师：是什么使小灯泡亮起来的？

生：有“电”通过灯泡，灯泡就亮了。

师：（板书：“电”）

2. 磁能使指南针发生偏转实验。

师：（出示指南针立在讲台上）在不碰到指南针的情况下，谁有办法使指南针的指针发生偏转？

生：用磁铁。

师：（请学生上台演示）

师：磁铁为什么能使指南针发生偏转？

生：根据磁铁的同极相斥、异极相吸的性质。

师：那么能不能说，指南针发生偏转就是受到磁的作用？

生：不一定，因为铁钉等铁一类的物体也能使指南针发生偏转。

师：这又是为什么呢？

生：因为指南针本身就是磁铁，磁铁具有吸引铁一类物体的性质，即磁性。所以当铁钉靠近指南针时，指南针就要来吸引铁钉，所以也会偏转。

“磁”能使指南针发生偏转，但指南针发生偏转并不一定是磁引起的。这个环节的挖掘非常重要。

3. 提出研究问题：“电”和“磁”之间有联系吗？

师：我们通过复习知道了电能使小灯泡发光，磁铁具有磁性，能使小磁针发生偏转，那么电和磁之间有什么联系吗？

师：也就是说“磁能产生电吗”？或者说“电能产生磁吗”？如果说，磁能产生电，也能使小灯泡发光；或者，电能产生磁，具有磁性，那么电和磁之间就有联系了。如果磁不能产生电，电也不能产生磁，电是电，磁是磁，那么它们之间就没有必然的联系。谁来猜测一下，电和磁之间有没有联系？为什么？

生1：我觉得电能产生磁，我经常听大人说，用手机会受到磁辐射。长时间看电视，家长也会这么说。

生2：我家楼前有高压电线，大家都会说有磁辐射。

生3：磁能产生电，不过要有条件，据说发电机里就有很大的磁铁。

提出研究的问题，明确怎样才能说“电和磁”之间有联系。这个问题由老师来提出是比较合理的，如果抛给学生，可能会冷场。

4. 探究磁能否产生电？

师：刚才我们看见电路中有电池，小灯泡能发光，如果我现在把电池换成一块条形磁铁，你觉得小灯泡还会发光吗？为什么？

生 1：可能会发光，这个磁铁可能是铁做成的，铁能导电。

生 2：磁铁也叫磁石，石头做成的，应该不导电。灯泡不会亮。

师：行不行，试一试就知道了。

生：一学生演示实验，其他观察。

师：小灯泡亮了吗？

生齐声：没有亮。

师：说明什么问题？

生：磁不能产生电。

师：能这么说吗？（引导学生说准确）

生：（迟疑声小）不能。

师：通过这个实验，我们说磁不能产生电。还有问题，应该说：“这个实验我们没有看到磁产生电，使小灯泡发光。”至于磁到底能否产生电，我们目前还不知道。

通过学生在电路中用磁铁去代替电池，结果小灯泡没有发光，找不到磁能产生电的证据，不能说“电和磁”有联系。用排除法引出研究“电能否产生磁”。

5. 探究“电”能否产生“磁”（重点）

师：刚才我们没有找到“磁”能产生“电”的证据，现在我们再来找一找“电”能否产生“磁”的证据。

师：这个实验怎么做呢？

（生疑惑）。

（师：在桌上放一个指南针，指针停止摆动后，指南针指向什么方向？把电路中的导线拉直靠在指南针的上方，与指针指的方向一致。接通电流时指南针有什么变化？断开电流后指南针有什么变化？反复做几次，结果怎样？）

（生：做通电导线和指南针的实验。教室里开始热闹起来。）

师：通过实验，你们发现了什么？

生：我们发现指南针轻微偏转了。

师：是怎样偏转的？

生：接通电流，指南针偏转；断开电流，指南针又回到原来的位置。

师：那这说明了什么？

生：“电”能产生“磁”！

师：你现在这样说，理由充足吗？假如有人提出质疑？你怎么解释？

师：发现了指南针的偏转，但造成指南针偏转的原因有很多。我们手有没有碰到指南针？

生：没有。

师：有没有可能是导线自身就使指南针发生偏转？

生：没有，更何况，导线是铜的，不是铁的。通电后指南针发生偏转，不通电指南针不发生偏转。

师：那你们的意思是……

生：“电”能产生“磁”。

师：如果“电”能产生“磁”，那么“电”和“磁”之间有联系吗？

生：有。

师：虽然我们看到的现象不太明显，但磁针是真的动了，哪怕只是一点点，那也是动了。

探究“电”能否产生“磁”。让学生通过实验发现通电导线能使指南针发生偏转，试着去解释产生这种现象的原因所在。

6. 探究有什么方法能使指南针偏转现象更明显（重点）。

师：刚才我们有的小组看到了指南针发生了偏转，有的小组说看到一点点，那有没有什么办法使这一实验现象更明显一点吗？可以在小组内讨论一下。

汇报讨论结果：

生1：电路里增加电池。

生2：把小灯泡这个用电的部分去掉，导线直接接在电路上。

师：直接接，电路短路，电流很强，电池会很快发热。所以只能接通一下，马上断开，时间不能长。

师：你们都从电流的方向思考的，能不能在换个角度想一想？

（生迟疑了片刻，开始了小声议论。）

生1：（举手）。用两根导线通电。

师：什么意思？能示范一下吗？

生1：把导线折叠后，接入电路中。

师（质疑）：你们看明白了吗？哦！这样电流的方向岂不改变了？

生2：把导线绕个圈，电流方向就不会改变了。

师：怎么绕圈？

（生2：到讲台前示范）

师：老师建议，实验中你不妨多绕几圈。接下来，你们按照自己的想法，再试试！

（学生实践观察，教师巡视指导。）

（生：交流实验发现。）

本环节是教学的重点，目的是让学生通过短路和用通电线圈的方法都能使指南针发生比较明显的偏转，进一步证明“电”能否产生“磁”。老师在引导思考中，充分尊重学生的想法，并进行巧妙的指导。师生互动和谐，难点问题得以解决。

7. 简单介绍科学家奥斯特发现电磁现象的过程。

师：我们今天通过实验发现了电能产生磁，电和磁之间是有联系的，你们知道电磁现象最早是哪位科学家发现的吗？

生：不知道

（师：介绍奥斯特发现电磁现象的过程。）

师：你从中想到了什么？

生1：重大的发现，往往就在不经意间。

生2：奥斯特的观察真是仔细，细节都能被发现。

生3：奥斯特能从这么一点点的发现，想到了“电”和“磁”的关系，太会联想了。

……

本环节通过介绍让学生了解奥斯特，感受留心观察、善于思考的重要，落实情感目标。

8. 用线圈和指南针检测电池。

师：老师这里有几节废电池。我们平时说的“废电池”是什么意思？

生：就是用它去点亮小灯泡，结果小灯泡不能发光。也就是没有电了。

师：小灯泡不能发光，电池里就一点电都没有了吗？

生：不一定

师：那用什么方法来检测？

（生疑惑）。

师：可以用仪器检测呀！

生：什么仪器？怎么检测？

师（讲述）可以用我们刚才做过的实验来检测，如果指南针发生偏转说明电池里还有电，如果指南针不能偏转了，说明电池里没有电了。（边讲边示范）

师：这个实验会做吗？

生：会。

师：那就来检测我发给大家的这节“废电池”吧！

生：（实验检测）

师：（组织交流检测结果）

从《能量》单元角度出发，不仅是对本课知识的运用，也是为第7课“电能从哪里来”中检测小电动机是否已经发出了“电”做准备。

9. 小结谈收获。

师：通过本课的学习你有哪些收获？对于“电和磁”你还知道些什么？还想知道什么？回去想一想，整理一下，下一节课，我们一起来交流。下课。

【问题与讨论】

“思维”是人对客观事物高度概括和间接反映，是一种积极的、有目的的认知反应。思维能力直接影响人解决问题的能力，思维能力是各种能力的核心。思维一般分为形象思维和逻辑思维。逻辑思维又称抽象思惟，是思维的一种高级形式。其特点是以抽象的概念、判断和推理作为思维的基本形式，以分析、综合、比较、抽象、概括和具体化作为思维的基本过程，从而揭露事物的本质特征和规律性联系。抽象思维既不同于以动作为支柱的动作思维，也不同于以表象为凭借的形象思维，它已摆脱了对感性材料的依赖。抽象思维一般有经验型与理论型两种类型。前者是在实践活动的基础上，以实际经验为依据进行判断和推理，形成概念，如工人、农民运用生产经验解决生产中的问题，多属于这种类型。后者是以理论为依据，运用科学的概念、原理、定律、公式等进行判断和推理。科学家和理论工作者的思维多属于这种类型。形象思维是凭借头脑中储有的表象而进行的思维。以此判断，小学生的逻辑思维水平属于经验性思维，是指在感性认识的基础上，应用分析、综合、比较、抽象概括、归类、演绎等基本思维方式。发展学生的思维能力是小学科学教育教学的重要目标和任务，也是提升科学课堂教学效率的关键因素。

【诠释与研究】

如何在小学科学课堂教学中来培养和发展学生的思维能力？这就需要我们在组织学生进行探究时，务必要把学生的思维调动起来。如何才能改变学生动手不动“脑”的科学探究浅层现状呢？

第一，研读教材，挖掘要素，并进行设计，质疑是动脑的关键；

第二，搭建“台阶”，启动思维，创设问题情境，用问题开启思维；

第三，拓展活动，让思维有机会展示。

此课例中，教师抓住了教材中发展思维的因素（见教学反思）。围绕这些因素，进行了适切的组织设计。为学生的探究创设了适合的情境和机会，并为学生提供了有组织的材料。学生的探究在“脑”的支配下进行，用“思考”推动认知的深入与发展。

课例透析

（1）要从“思维”角度去组织教学

①关于为什么要增加探究“磁”能否产生“电”的理由说明。“电和磁”这一课是重演科学史上著名的发现电磁现象的过程，因为在奥斯特发现“电”和“磁”之间存在着联系之前，“电”就是“电”，“磁”就是“磁”，互不相关。所以我认为要探究“电”和“磁”，就是要探究它们之间存在着怎么样的关系。如果

"磁"能产生"电"或"电"能产生"磁"，都可以说明"电"和"磁"之间有联系，假如"磁"不能产生"电"，电也不能产生"磁"，那它们之间就不存在联系。因此我在组织教学时，先让学生探究在电路中用磁铁替换电池，小灯泡还能亮起来了吗？学生当然不可能发现这样做，小灯泡也会发光。但没有关系，我们没有发现"磁"能产生"电"，但能不能发现"电"能产生"磁"的证据呢？接着继续探究。也许你会认为我多此一举，但我认为从思维逻辑性角度，这样做还是有必要的。

②关于对指南针偏转的原因分析。指南针偏转的原因很多，我们用手一碰，指南针就会转来转去。所以我们在上课的时候，首先选择了有外壳的指南针，排除吹气的方式使指南针发生偏转的干扰，规定手不能碰到指南针，剩下来的分析就好办多了。学生说磁铁能使指南针发生偏转，追问为什么？目的是让学生养成思考的习惯，复习磁铁同极相斥、异极相吸的性质。当学生说铁钉也能使指南针发生偏转，追问为什么？目的是让学生复习"磁性"的概念，更是为通电导线能使指南针发生偏转的解释做准备。因为导线是铜的，不是铁的，为什么指南针会偏转呢？引发学生的思考。

③关于怎样使指南针偏转的现象更明显的思路。老师提出一个问题，要适时给学生以引导。当提出有什么办法能使实验现象（指南针偏转现象）更明显时，学生可能一时无从回答。这时老师稍加点拨就可以让学生找到新的思考方向，从电流角度去想一想，从导线角度去想一想，学生的思路就打开了。

（2）要从"能量"角度去组织教学。

"电和磁"是《能量》单元的第一课，站在"能量"角度看，本单元从"电和磁"开始引入，"电能"能转换成其他形式的"能量"，一直到第六课"电能和能量"才正式提出"能量"一词，到第七课"电能从哪里来"研究哪些能量可以转换成"电能"，到第八课"能量与太阳"一课对能量进行拓展，了解煤、石油、天然气中蕴藏的"能量"和太阳能的关系。电磁现象在本单元中是作为一个重点进行研究的，它的研究是要有一定的深度。所以我们要关注电磁现象的每一个细节，如偏转的角度，怎样偏转？通电时怎样？断电后怎样？因为断电后指南针要转回原来的位置，也会动。有的学生就会认为通电、断电都会偏转，那就说明与“电”无关了。所以要学生通过讨论明白，断电后的转动是指南针要回到原来的位置，不是发生新的或再一次的偏转。

（3）要从“单元”角度去组织教学。

“电和磁”这一课的最后一个活动是用线圈和指南针检测电池，这一活动如果仅从“电和磁”这一课来说，我个人认为可要可不要。因为前面学生已经通过实验发现了“电”能产生“磁”，“电”和“磁”已经从互不相关到互相联系了，我们这一课的教学任务已经完成了。但从单元角度，本单元在第七课“电能从哪里来”中转动小电动机，小灯泡没有亮就是没有发出电来吗？如何检测是不是产生了电流？就要用到线圈和指南针的检测方法，所以在这一课安排检测“废电池”活动就显得很有必要了。因为一来可以对这一课的学习知识得以运用，二来可以为后续学习做准备。

3-3　比较柔韧性

课例展示

【教学内容】

本课是教科版三年级上册《材料》单元的第三课，学生们将续前一课“比较材料的硬度”后，研究木头、金属和塑料三种材料的柔韧性，并通过实验记录的数据，比较三种材料的不同。

学生对材料有一定的了解，并对对比实验有了初步的感知，但要放手让学生去探究是做不到的。因此，探究要在老师的指导下，让学生操作。

【教学目标】

科学知识：

1. 初步认识常见材料的柔韧性，如：金属、塑料和木头等材料的柔韧性。

2. 了解塑料的特性以及一些应用，知道塑料是可以循环使用的。

过程与方法：

1. 学习做比较材料柔韧性的实验。

2. 知道数据记录是非常必要的。

情感态度与价值观：

在活动中培养学生的合作意识，愿意和同学交流，进一步培养学生研究材料的兴趣。从自觉回收塑料制品入手，对学生进行环境保护教育。

教学重点：

认识金属、塑料、木制材料的柔韧性。

教学难点：

组织学生进行比较三种材料柔韧性的探究。

重难点突破的思考：

情境创设要能够引起学生强烈的探究兴趣。解题不能太专业，要在一定的情境中使用描述性语言解释“柔韧性”。选择合适的探究材料是学生研究成功的关键。探究活动的成败在于教师的指导是否到位。

教学材料准备：

分组材料：金属尺子；塑料尺子；木质尺子（注：三种尺子的厚度、宽度要基本一样）；钩码；实验记录卡。

演示材料：

一只塑料杯；一只玻璃杯；有关课件与图片；其他演示材料。

【教学过程】

教师活动	学生活动	点评
一、创设情境，解释“柔韧性” 1. 谈话：（出示两只杯子）知道它们是用什么制成的吗？ 2. 讲解：塑料和玻璃都是常见的材料。 3. 创设情境：“不小心”把两只杯子弄到了地上。 4. 讨论：为什么塑料杯子没有碎呢？ 5. 描述“柔韧性”揭题：像塑料杯子这样，受到跌打后，不易破碎的性质，我们称其“柔韧性”好，而像玻璃杯子这样，受到跌打后易碎裂，我们就说它的“柔韧性”差。 二、设计方案，探究金属、塑料、木制材料的柔韧性。 1. 谈话：刚才同学们说，塑料比玻璃柔韧性好，所以塑料杯子不易碎。老师这儿准备了三种材料，（出示）它们的柔韧性怎么样呢？（完整课题）	学生参与应答。 学生应答：塑料的不容易碎，玻璃的容易碎。 学生应答：并说出理由。	情境的创设可以起到的作用是：激发兴趣，集中注意力。本课的情境中蕴含着解题，这是很好的办法。 明确研究的对象是三种材料，提出需要研究的问题：这三种材料的柔韧性如何？

续表

教师活动	学生活动	点评
2. 让学生猜测。 3. 怎么来证明我们的猜测呢？（听听学生的意见，一些简易的方法，现场解决。） 4. 推出教科书上设计的研究方案（把书翻开到 51 页） A. 阅读研究方案。 B. 明确研究方法和步骤。（压尺子；挂重物；测距离；作记录） C. 实施分组研究。（巡视指导） D. 汇报研究结果。 E. 讨论：测量到的数据能说明什么呢？ F. 小结：略	学生阅读教材，并按照步骤进行研究。 学生小组汇报自己的研究和结果。 学生应答。	如果让三年级的学生去讨论设计研究方案，肯定是不合适的。让学生阅读相关内容，讨论具体做法，并按照步骤进行操作和测量，降低了难度，学生可以完成。
三、认识塑料 1. 认识一些常见的塑料制品。 谈话：塑料是一种应用非常广泛的材料，知道身边的哪些物品是塑料制造的吗？（听取学生的汇报，并用多媒体展示一些图片做配合。） 2. 了解常见塑料制品分别利用了塑料的哪些特性，帮助学生完成气泡图的填写。 A. 谈话：刚才我们说了那么多的塑料制品，知道为什么用塑料来制造吗？ B. 随着学生的讨论，进行一些必要的演示与解释。 C. 完成气泡图的填写。	学生小组内讨论，然后向全班发布。 丢弃瓶子，就是要让学生惊讶。	先让学生说说自己知道的塑料制品，调动了学生的思维，再结合学生的已有知识，进行适当的拓展，学生能理解。
D. 小结：人们利用塑料的一些特点，制造了非常多的塑料制品（出示矿泉水瓶），用塑料制成的瓶子就为我们带来了方便，老师讲课讲到现在，也渴了，（喝完瓶内的水，把瓶子随手丢掉）水喝完了，瓶子也该扔掉。 四、了解塑料的循环利用，进行环境保护教育。 1. 讨论随手丢矿泉水瓶这样事情。（利用学生对老师随手丢瓶子的反应）你们怎么看待这个事情？ 2. 播放影像资料，介绍塑料污染和塑料的循环利用，渗透环保教育。 3. 小结：（略）	组织学生谈自己对老师丢弃瓶子的看法。（乱丢垃圾不对，由此引出怎么处理塑料垃圾的问题。）	老师的喝水、丢瓶子等一系列动作，只是在“演戏”，让学生“入戏”了，后面才好“唱戏”。三年级的孩子是很容易“入戏”的，所以这一招很有用。环保教育水到渠成，没有说教的痕迹。

板书　比较柔韧性

1. 金属、塑料、木制品的柔韧性

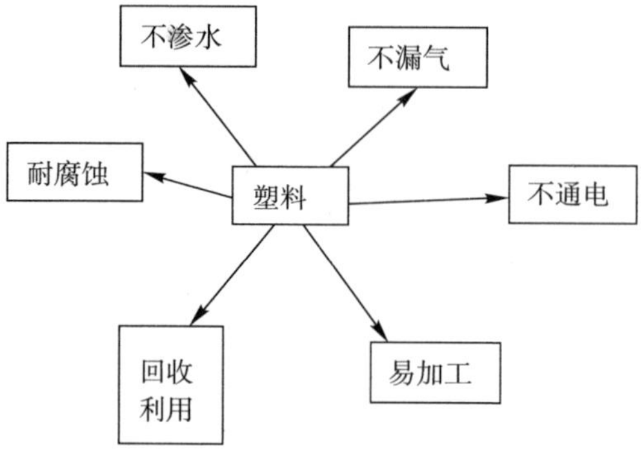

2. 塑料的特点：

3. 回收塑料制品，保护环境

课例透析

《比较柔韧性》是教育科学版三年级上册《材料》单元里的第三课，是在学生对材料有一定了解的基础上，来探究材料的一些特性。但因此课例展示的是教学比赛时课堂情景，课程被提前，学生对材料还没有进行有序地学习和了解。在这样的前提下实施教学，有一定的难度。

通过此次教学比赛，有以下几点感悟：

(1)比赛课不同于普通的科学课，情境创设有着非同寻常的作用。

对于三年级的小朋友来说，《比较柔韧性》的课题导入有两大难题，怎样理解"柔韧性"以及在什么样的背景下推出"材料"一词。

首先是利用学生常见的物品带出"材料"一词。出示玻璃杯子和塑料杯子，问：认识吗？它们是用什么做成的？当学生说出"塑料""玻璃"之后，顺势推出，"塑料和玻璃都是常见的材料"。这样虽然模糊了"材料"的概念，但对课的推进很有效。

其次是创设情境，化解“柔韧性”。科学地解释“柔韧性”，按参考书上的说法是“材料受外力发生形变后，而不易折裂的性质”。这对三年级的小朋友来说，太抽象、太难理解了。但若逃避而不加解释，学生接下来的探究就会很茫然。所以，解释“柔韧性”揭题是不可或缺的一个环节。

创设一个跌打杯子的情境非常成功。课堂上“不小心”打碎了杯子，让学生感到吃惊，进而利用学生的情绪，追问：“为什么塑料被子完好，而玻璃杯子却碎了呢？”（让学生说出玻璃不结实、脆、易碎等）顺势推出描述性概念：像塑料杯子这样，受到跌打后，不易破碎的性质，我们称其“柔韧性”好，而像玻璃杯子这样，受到跌打后易碎裂，我们就说它的“柔韧性”差。从而突破“柔韧性”这个难题。

回顾课堂情景，我的预想和设计是完全符合学情的，是这节课的一个亮点，为学生接下来的科学探究创设了良好的氛围。

（2）学生探究充分，效果明显。

首先，从时间上看，学生有 20 分钟的探究操作，学生的探究时间得到了保障。

其次，从学生探究使用的材料上看，材料的结构性明显。当材料伸出桌面边缘 15 厘米时，金属尺子下弯 2～3 厘米，塑料尺子下弯 7～8 厘米，而木尺子因变形太大折断。因而得出木材的“柔韧性”最差，效果明显。

（3）准备充分，才有可能“临危不乱”。

为了完成教学，我准备了 8 套分组材料，数张塑料制品图片和有关塑料与环境的影视资料。为了说明塑料的特点及应用，我还另外准备了多件道具。从课堂的实际情况来看，真是有备才会无患。

（4）一点遗憾，一点想法。

在课堂上因电脑故障，使课堂教学的流畅性大打折扣，影响了我的教学效果。原本设计是随着学生的例举，投视塑料制品的图片，自然过渡到介绍人们针对塑料的特点对塑料加以应用。但由于图片播放受到影响，学生讨论塑料的特点缺少了必要的铺垫，加大了老师推进课堂进度的难度，这样不但造成了拖堂，而且课堂节奏显得急促而不从容，甚至有些慌乱。在这里对学情估望过高，也导致了一些环节设计没能展示出来，影响了课堂的完美。这在今后的课堂教学中需要我给予高度关注的。

一点想法：课虽上完了，再回过头来看教材，这并不是一节课能完成的教学任务。用一节课的时间来完成除有囫囵吞枣之感，另外在科学上也不够严谨。在得出塑料的柔韧性比金属好之前，还应该再增加一个探究，给金属尺子加挂多重的物品，其弯曲程度才能达到塑料尺子的弯曲程度。以此说明金属"硬"，而塑料是"柔"而不脆。认识塑料的易加工（热融性好）、不易导电、不易传热等特征，学生缺少感性体验，所以，我觉得应该增加一节课，让学生进行充分的探究实践。只有这样，学生对塑料特性的认识才能更加真实。

3-4　探究尺子发声变化的秘密

课例展示

【教学内容】

教育科学版小学科学四年级上册《声音》单元，教材中关于声音的变化安排有两节课的内容，目的是通过实践，认识音量、音高的产生，辨别不同的物体发出声音的音高的变化，探索尺子的音高变化。但是，探索中需要的准备材料太多，在实际教学过程中也很难做到。更改教材的目的主要有两个：一是使用最简单的器材，探究声音强弱、高低的变化；二是缩减课时，本学期课时太紧，按部就班地往下上，时间不够。《声音》单元可以整合为三个内容：声音的产生；声音的变化；声音的传播。

关于声音的高低、强弱的辨别，在小学音乐课上都有过大量的训练，科学课上花费大量的时间来训练，我觉得没有什么必要。我们完全可以进行学科间的整合。

【教学目标】

科学知识：

1. 知道尺子振动的幅度大，发出的声音强；振动的幅度小，发出的声音弱。

2. 知道尺子振动得快，发出的声音就高；振动得慢，发出的声音就低。

3. 学习用声音的高低、强弱来描述声音的变化。

过程与方法：

1. 能够操作并观察尺子的振动幅度，发现其与声音的强弱的关系。

2. 能够操作并观察尺子的振动快慢，发现声音的高低与尺子振动快慢的关系。

情感态度与价值观：

培养学生把事物的特点与性质相关联的思考习惯。

教学重点：

让学生知道声音的高低、强弱与物体振动的快慢与幅度有正向关联。

教学难点：

发现尺子的振动特点与声音性质的关联。

教学准备：

学生自备塑料尺一把(20 厘米)。

教师准备：

三个玻璃杯；一只筷子；小鼓一面；鼓槌一只。

【教学过程】

教师活动	学生活动	点评
一、听辨声音，提出探究的问题 1. 讲述：上一节课，我们探究了什么问题？知道了什么？ 2. 击鼓，敲击杯子，两种声音有什么不同？ 3. 敲击杯子，杯子发出的声音有什么不同？ 4. 讲述：听了强弱、高低不同的声音，你们的脑子里是否产生了关于声音变化的问题呢？	1. 回顾上一节科学课的学习所得。 2. 辨出两个声音的强弱不同。 3. 辨出三个声音的高低不同。 4. 思考并汇报关于声音的问题。	通过情境，唤醒学生在音乐课上习得的对声音的认识，引出两个描述声音特点的概念：音量与音高，引导学生提出探究声音变化的问题。
二、揭题 讲述：今天，我们就来探究声音的高低、强弱变化的秘密 三、探究指导 讲述：这个探究活动，我们还从观察物体的振动开始，怎么做呢？老师把要求都写在了这张表格里，看表格 1、2。	学生阅读表格 1、表格 2，了解实验操作要求。	明确探究的问题、实验操作的方法与步骤，理解“振动幅度大小”的意思。

续表

教师活动	学生活动	点评
1. 问：表格 1 要我们探究的是什么问题？这个研究需要分几个步骤？有什么问题需要老师帮助吗？（随着学生的汇报，一定要落实每一步的操作，包括学生的示范、教师的指导） 2. 问：表格 2 要我们探究的是什么问题？这个探究需要分几个步骤？有什么问题需要老师帮助吗？（随着学生的汇报，一定要落实每一步的操作，包括学生的示范、教师的指导） 四、探究活动 巡视并提示填写记录表 五、探究汇报 讲述：同学们经过认真探究，一定是各有发现，能把自己的成果展示一下吗？ 提问： 1. 你是怎么控制尺子振动幅度大小的？ 2. 尺子振动快慢你是怎么判断的？ 六、总结学习内容 提问： 1. 今天，我们探究了什么问题？得出了什么结论？ 2. 讲述：科学家观察了很多种发声的物体，发现的规律跟你们的发现是一样的。 3. 能用我们的结论，解释鼓声的强弱、玻璃杯子声音高低变化吗？	学生应答：探究的是声音的大小（强弱）；实验分三步：第一步固定好尺子；第二步确定好恰当的振动幅度（需要三个不同的幅度）；第三步，观察尺子的振动，并做好记录。 表格 2：探究的是声音的高低问题。也是分三步：第一步是固定好尺子；第二步是选择三个不同的长度；第三步是让尺子振动，观察尺子振动的快慢，听声音的高低。 引导学生讨论：保持安静；按要求操作；及时填写记录单…… 学生操作、观察、填写记录表。 用多媒体投视学生的记录表。 学生发言。	在取得学生同意后，提出：要保持课堂安静。提示：不要用力太大，把尺子压断了。在这里，实验的操作是否正确至关重要，教师的小心指导与示范是非常必要的。 希望学生在操作中发现尺子振动的特点与声音变化性质的关系。 展示学生的探究成果，显现教学目标的实现程度。 完善课堂教学程序，应用所学，联系实际。

板书

探究尺子发声变化的秘密

音量　　强、弱 振动幅度

音高　　高、低　　　振动频率

表格 1　探究尺子振动幅度与音量的大小
（尺子伸出桌面 6 厘米）

尺子振动的幅度	听到的声音（强、较强、弱）	我的结论
1. 振动幅度小 2. 振动幅度适中 3. 振动幅度大		

表格 2　探究尺子振动的快慢与声音的高低

尺子伸出桌面的长度（厘米）	尺子振动的快慢（快、较快、慢）	听到的声音的高低（高、较高、低）
4 厘米		
6 厘米		
8 厘米		

课例评析

小学科学课每周的课时偏少，如果要按教科书的编排来完成教学任务，课时就不够。为了探索用有限的课时完成教学任务，且又不影响学生探究能力的培养的方法，我尝试着把单元里的第二课和第三课整合到一起，编成《探索尺子发声变化秘密》一课。

对声音变化的探索是教育科学版小学科学四年级上册的单元内容。在课程标准里明确地提出了教学要求：“能区分声音的大小与高低”。

我觉得这句话有两层含义：第一，能从发声原理上区分声音的大小与高低；第二，能用听觉器官辨别声音的大小与高低。

教材编写者是怎样体现课标里的这个内容的呢？我们来看教材，教材是建立在学生能听辨大小、高低不同声音的基础上来观察发声物体的状态。但教材里呈现的物体振幅大小，振动快慢的现象与声音大小、高低之间的逻辑推理也是不太科学的。于是我整编教材确定了新的课题《探究尺子发声变化的秘密》，探究某一个具体物体振动发声的变化。

教学之后，我觉得有两点是可以肯定的：

第一，只要安排合理，考虑周到，把一些内容重新整合，减轻课时压力是可行的。

第二，教师重新整合教材是有能力实现的，但要坚持以课程标准为依据，“高高提起，轻轻放下”，不要被课本绕花了眼。

3-5 水能溶解一些物质

课例展示

【教学内容】

《水能溶解一些物质》是教科版小学科学四年级上册第二单元的第一课，教材分为两个部分：观察比较食盐、沙在水中的状态；观察面粉在水中溶解情况。在这一课中，学生们要运用观察和比较的科学方法去发现食盐、沙子和面粉在水中的状态有什么不同特点。教材上也介绍了两种观察方法，即利用光线观察混合物中颗粒物和沉淀的方法，但是考虑到观察方法的局限性，教材里又介绍了另一种科学实验方法——过滤实验，让学生通过实验，进一步观察、比较食盐、沙和面粉能否用过滤的方法从水中分离出来。

对于四年级学生来讲，基本上都知道，把食盐放入水中，会慢慢化掉，沙放入水中，不会化掉。但不太清楚什么是“溶解”。因此本课的教学将有助于学生建立他们关于“溶解”的概念，同时培养观察和实验的科学技能以及掌握观察、比较等科学方法。当学生们掌握了一定的科学技能和方法后，逐步引导学生在课外继续探究。学生能有意识地去关注日常生活中的科学。

【教学目标】

科学知识：

1. 知道固体物质在水中是否溶解的判断标准。

2. 能初步描述“溶解”的概念。

过程与方法：

1. 观察和描述食盐、沙和面粉在水中的现象。

2. 初步学会过滤的操作技能。

情感态度与价值观：

激发探究“溶解”现象的兴趣。

教学重难点：

知道固体物质在水中是否溶解的判断标准；能初步描述“溶解”的概念。

教学准备：

教师演示实验材料：食盐、滤纸、漏斗、搅拌棒、橡皮、小木块、烧杯、水、铁架台等。

学生分组实验材料：搅拌棒、塑料杯（3只）、食盐、沙子、面粉、滤纸（3张）、漏斗、铁架台、记录纸等。

【教学过程】

教师活动	学生活动	点评
一、创设情境 出示一块橡皮/木块 问：把他们放入水中会怎么样？ 出示食盐、沙子，把它们放入水中会怎么样？	学生推想可能发生的情况。	用情境调动学生的思维引导学生思考把一些固体物质放到水中可能会发生什么样变化的问题上来。
二、观察食盐、沙子颗粒在水中的变化 1. 把食盐放入水中（1号杯里）；沙子放入2号杯子里，静静地观察。 2. 轻轻地搅拌，再观察。 3. 组织学生汇报。 4. 描述“溶解”的初步概念：像食盐在水中这样，颗粒越变越小，最后肉眼看不见了，分散到水里了叫溶解。而像沙子在水中这样，就叫没有溶解。	学生观察—搅拌—再观察—汇报	留给学生充足的实践与观察的时间，这很重要。学生发现食盐颗粒、沙子颗粒在水中的不同，建立一个初步的判断，为理解“溶解”概念的描述做好了实践准备。
三、观察面粉在水中的情况 1. 把面粉放入水中（3号杯里）静静地观察。 2. 轻轻地搅拌，再观察。 3. 组织学生汇报。	学生观察—搅拌—再观察—汇报	让学生在实践中发现问题，发现面粉颗粒在水中能够看得见，还有部分发生沉淀。挑战学生的思维。
四、比较食盐、沙、面粉在水中的异同 谈话：像面粉在水中这样是溶解还是不容易溶解？说说判断的理由。	学生讨论—汇报	通过讨论认识溶解的部分特征。突出面粉在水中特有现象，为过滤做好铺垫。

续表

教师活动	学生活动	点评
五、过滤操作 讲述：面粉在水中，是溶解还是不溶解呢？我们来学习另一种判断的方法。 介绍过滤方法。 组织观察滤纸上的残留物。	学生操作—观察—汇报	认识在水里不易溶解的物质可以用过滤的方法来分离而溶解在水里的物质则难以分离，从而认识“溶解”的另一个特征。
六、总结 谈话：通过学习，我们知道了可以通过哪些方法来判断一种物质在水里溶解了或没有溶解？	学生结合学习过的例子回答。	进一步认识“溶解”特征。
七、拓展 （如果有时间再增加练习） 把食用油放入水中，它是不是也在水中溶解了呢？ 怎么判断液体在水中是否溶解了呢？	学生观察并思考。	把学生的思维引导向思考不同状态的物质在水中是否也发生溶解现象。

板书　　水能溶解一些物质

食盐颗粒看不见，　无沉淀　　过滤难分离

沙子颗粒看得见　　有沉淀　　过滤能分离

面粉颗粒看得见　　有部分沉淀　过滤能分离

把固体放入水中观察记录表

固体名称	在水中的情况				
	能否观察到颗粒		有无沉淀？		过滤后有什么发现？
	搅拌前	搅拌后	搅拌前	搅拌后	
食盐					
沙子					
面粉					

课例透析

《水能溶解一些物质》是应安徽省教育科学院邀请，所上的一节“送教下基层”活动公开课。

安徽省教育科学院阚智院长，特级教师夏建华及霍邱县全体专兼职科学教师随堂听课。课后，我就此课的教学目标的确定及教学思路进行了说明，安徽省教科院教研员钟能正老师进行了现场点评。此课受到大家的充分肯定，达到了预期效果。

钟老师说：“小学科学教学的目标是要培养学生的科学素养。包括科学认知、过程与方法、情感态度与价值观。学生获取证据的途径有观察、实验、调查等，这些方面在朱老师的这节课上都有突出关注，他倡导的是探究性学习。在课堂上尊重学生的主体地位、发挥学生的主体作用。老师的情境创设、观察与操作都能联系学生的生活实际，学生有充足的自主学习和自主探究的时间和空间，实现了学生的主动学习。我们看到学生在课堂上神情专注地操作和观察。课堂上师生平等交流，同学之间合作愉快，教学过程流畅、气氛和谐。”

回顾这一课的准备与实践的过程，我觉得有以下三点是值得反思的：

第一，目标确定要用心。目标是一节课的灵魂，它必须做到科学、合理。科学，即符合学科特点。《水能溶解一些物质》是《溶解》单元的第一课，既要认识“溶解”现象，又要了解“溶解”概念。学生怎么才能认识“溶解”现象呢？那就必须要教给学生一些判断的标准。对于小学四年级的学生来说，这个标准必须是可见的、可操作的。

“合理”即符合学生的认知特点。小学四年级的学生，他们只能理解自己亲手操作或亲眼所见的事物。

基于以上认识，我确立了《水能溶解一些物质》一课的知识目标、过程与方法目标和情感态度与价值观目标。

第二，环节安排要细心。首先是情景的创设要能调动学生的原有知识储备，又能暗示本节课所要探究的问题。

操作、观察步骤要明确，目标要具体。教材上要求让学生比较食盐、沙、面粉三种物质在水中的相同点和不同点。我觉得这个环节目标不够明确，四年级的学生可能会出现不知所措的情况。我的处理方法是：当学生观察了面粉在水里的情况之后，立即提出：“像面粉在水里这样是溶解了还是没有溶解？并说说自己的理由。”这样就在学生的原有认知上产生了冲突，顺利地实现了向“过滤”方法的过渡。

第三，虚心听取专家的指导。在课题确定之后，合肥市教育局戴厚文老师给了我热情的指导。戴老师多次打电话询问备课准备情况，详细了解我对教材的理解与认识，并进行适时地指导。2009 年 9 月 5 日，戴老师在百忙之中抽出时间，深入课堂听我的试讲。课后，戴老师的指导更为细致。首先是教学设计，戴老师更是逐句推敲，逐环节考量、把关。在板书设计上，戴老师更是仔细到每个字。应该说，这一节课能得到大家的认可，与戴老师用心指导是分不开的。

3-6 时间的流逝

课例展示

【教学内容】

本课时是教育科学版小学科学五年级下《时间》单元的起始课，是学生研究“时间的测量”的开始。学生将通过感受一分钟、十分钟来感知时间的长短，并意识到我们的行为很容易使自己对时间的估计发生偏差。

教材内容有三个部分：第一部分是“现在几点了”，这是一个让学生初步估计时间的环节，为下一个探究时间的长短作准备的；第二部分是研究“一分钟有多长”，让学生对一分钟进行估计和感受；第三部分是“估计过去了多少时间”，让学生根据经验进行估计，但估计往往是不太准确的。在此基础上让学生感受时间长短与人的感觉之间的关系，并从中感悟时间的流逝速度是均衡的。

学情分析：

对学生来说，“时间”是非常熟悉，又非常陌生的事物。他们时时刻刻都在“时间的流逝”中生活、学习。几点上课？几点下课？几点放学？他们是再熟悉不过了。但是“时间”又是看不见摸不着的，又怎么能够对“时间”进行研究呢？这对于五年级的学生来说，又是一个不大不小的挑战。通过本课的学习，要让学生意识到时间是可以被感受、估计和计量的。

【教学目标】

科学概念：

学习借助自然现象或身边的信息估计时间，并从中感受时间的存在。

过程与方法：

运用多种方法感受一分钟的长短，从而合理估算十分钟甚至一个小时。

情感态度与价值观：

通过活动使学生意识到时间以不变的速度在流逝，我们要珍惜时间。

教学重点：

借助身边的信息估计时间，并从中感受时间的存在。

教学难点：

用多种方法感受一分钟的长短。

教学重难点突破的思考：

课程设计要突出趣味性，要通过做活动，让学生在轻松愉快的状态下，感受时间的存在与流逝。

教学准备：

CAI 课件。

学生活动材料：

摆线、摆球、水、烧杯、纸杯。

【教学过程】

教师活动	学生活动	评价
一、创设情景，导入新课 1. 谈话：上课前，我们来做个游戏，有没有兴趣？游戏的规则是：请每个同学身体坐端正，当老师说开始的时候，闭上眼睛，自己在心里估计，一分钟到了时，睁开眼睛，看看周围的同学在干什么。开始！ 2. 谈话：说说，你有什么发现？（第一个睁开眼的同学和最后一个睁开眼的同学必须叫到，再叫两名中间睁开眼睛的同学）	学生配合，闭眼。 学生配合应答。	这个游戏既可以快速地集中学生的注意力，又能够快速揭题。 通过这个环节，提醒了学生，时间的问题是备受人们关注的事物。

续表

教师活动	学生活动	评价
3. 谈话：同样是一分钟，有的同学先睁开眼睛，有的同学后睁开眼睛，这说明了什么？ 4. 听听几位同学的意见。 5. 谈话：你们知道人们通常都用什么样的语言来描述时间？ 6. 知道这些话是什么意思吗？（抽问一两个词语） 讲述：时间很宝贵，却又很容易从我们身边流逝掉，这节课，我们一起来研究一下《时间的流逝》(板书课题) 二、初步估计时间 1. 谈话：不用看表，你能知道现在大约是几点吗？ 2. 听几位同学发言。 3. 谈话：能说说你估计的依据吗？ 4. 听几位同学发言。 5. 谈话：刚才，我们没有用钟表，而是用我们身边的一些信息来估计时间的。古时候，人们也没有钟表，他们是怎么知道时间的？ 6. 现在，有了钟表，人们是怎么知道时间的？ （投示 CAI 课件：动态时钟，秒针转一圈）刚才，钟表上的秒针转一圈，表示时间流逝了多少？（板书：1 秒、1 分、1 小时） 三、探究时间的长短 1. 谈话：刚才大家看到的一秒钟，那可是“滴答”一下就过去了！太短暂了，你们能用自已的办法来表示一下，一秒钟有多长呢？ 2. 听同学的发言、交流。 3. 讲述：同学们想出了很多办法来表示一秒钟，那么有什么办法来知道一分钟有多长呢？我们小组里讨论一下，看看哪个小组的方法多，方法好！（3～5 分钟）	生：大家对一分钟的感觉是不一样的。 学生应答。如光阴似箭、一刻千金、日月如梭、岁不与我、弹指之间、寸金难买寸光阴、日月如梭、岁月如流、稍纵即逝、光阴荏苒…… 学生配合应答。 学生思考如何用自已的方式计时。	估计时间的活动实践很重要，它让学生意识到了，时间虽然很神秘，但也是可以估计和测量的。 通过实践，使学生知道了研究实践和纠正偏差是非常重要的方法。

续表

教师活动	学生活动	评价
4. 听学生的交流。 5. 鼓励学生用自己选择的方法感受一分钟的长短，时间到，活动就停止。 6. 学生自由活动。 7. 谈话：刚才，我们都用自己的方法表示了一分钟，但我们的表示是不是正确呢？我们来与钟表上的时间比较一下，看是快了，还是慢了。 8. 展示一分钟CAI电子钟。 9. 讨论：要让自己的表示更准确些，该注意哪些问题？ 10. 谈话：大家能用表示一分钟的办法，来估计一下十分钟？一个小时？ 11. 谈话：知道了一分钟，就可以估计出十分钟，一个小时。你能估计一下，现在离下课还有多长时间吗？ 四、感受时间的快慢 1. 谈话：时间过得真快！大家也累了吧，老师放段动画给大家看看，听完之后说说你的感受？（快乐） 2. 再请同学们像这样，尽可能地张大嘴巴，但不要发出声音。当老师说停下时，你才停下。这你有什么感受？（痛苦） 3. 估计一下，这两段的时间一样长吗？ 4. 讨论：什么时候时间过得快？什么时候时间过得慢？ 5. 追问：时间有快慢吗？ 6. 讲述：鼓励学生要珍惜时间。	学生用自己的方法计时1分钟。 随着实践修正自己的计时数值。 学生应答。 学生应答。	通过活动让学生体会到了估计时间有误差，因为人的情绪会影响到对时间的把握。

板书　　时间在流逝

1秒、1分、1小时

时间在均匀地流逝

合理利用、珍惜时间

课例透析

《时间在流逝》是教育科学版小学五年级下册的内容，是《时间》单元的第一课。从教学内容上讲,教学要实现的目的主要有两项:一是揭示单元内即将要探究的问题:“时间是存在的,并且可以感知和测量的”。二是切身体验时间的长短。本节课内容设计准确,从认识时间秒开始逐步认识分和时,循序渐进,符合小学生的认知规律。

本案充分利用多媒体的直观与便捷,给学生创设了良好的学习环境。成功地选用了学生喜欢的动画片来创设愉悦的氛围,让学生用愉悦的情感感受时间的流逝和痛苦情形下时间的流逝是不同的。让学生在真实情景中体验:虽然时间在均匀地流逝着,但心情会影响到我们对时间长短的感觉,要正确把握时间,需要有科学的方法。此种教学效果明显。

学生参与学习的积极性高,学生的学习自主性得到了充分的体现。体现了老师是学生学习的伙伴。体现了教学与教育相统一的原则。在学生兴趣盎然的探究中,向学生宣布,一节课的时间就这样不知不觉中流逝了,过去了的时间是不会再回来了,我们该怎样对待时间呢?在这样真切的情景中,进行珍惜时间的教育,比任何的优美的词句都有效果。

第3部分

小学科学生命世界领域课堂学习与课例研究

3

1 小学科学生命世界领域学习标准

1-1 小学科学第一学段生命世界领域学习标准

学习标准

1-1-1 第一学段水平Ⅰ

▶**科学知识**

(1)说出常见的动植物的名称。

(2)知道某个具体动植物需要空气、水分。知道动植物还有一些特别的需求,如动物需要食物,大多数植物都需要阳光。

▶**科学探究**

(1)能在教师指导下,对观察的生命体感兴趣,并提出问题。

(2)愿意在教师的指导下,对生命世界的问题做出猜测。

(3)在教师的指导下,参与制定探究计划。

(4)在教师的指导下,愿意记录、整理探究信息。

(5)在教师的指导下,尝试利用分析、比较与分类等方法,得出探究结论。

(6)在教师指导下,愿意如实讲述探究经过和结论,愿意参加交流和讨论。

(7)在教师指导下,愿意将探究中学习到的知识与方法加以应用,有解决实际问题的意识。

(8)按照老师的要求,反思探究过程和结果。

▶科学态度

(1)在教师指导下,愿意参加对动植物等事物、现象的探究。

(2)具有用事实说话的意识。

(3)在教师指导下,愿意尝试多角度、多方式认识动植物。

(4)在教师指导下,愿意和同伴合作、交流。

(5)知道需要爱护身边的动植物,有关爱生命的意识。

1-1-2　第一学段水平Ⅱ

▶科学知识

(1)说出一些常见动植物的特征。

(2)知道动植物生存的基本条件。

▶科学探究

(1)能在教师指导下从被观察的生命现象中,发现感兴趣的问题。

(2)能够依据经验,对问题提出猜测。

(3)知道探究需要制定计划。

(4)学习使用图形、文字等记录和整理探究信息。

(5)在教师的指导下,能够利用分析、比较与分类等方法,得出探究结论。

(6)在教师指导下,积极参加交流和讨论,如实讲述探究经过和结论。

(7)能够积极反思探究过程,并产生愿意改进探究方法的意识。

(8)在教师指导下,积极地将探究中学习到的知识与方法加以应用,有解决实际问题的能力。

▶科学态度

(1)在教师的指导下,对探究动植物等事物、现象产生兴趣。

(2)能够尊重事实。

(3)在教师指导下,积极尝试多角度、多方式认识动植物。

(4)主动爱护身边的动植物。

(5)在教师指导下,积极和同伴合作、交流。

学习标准解读

本学段是科学学习的起始阶段,要求不能过高。在对动植物的认识中,强调学生应按照老师的指导去完成探究学习,经历认知过程。水平I是学生学习科学课程的基本要求,也是教师实施科学教育、教学的基本目标。水平II强调的是学生对科学学习的主动、自觉和兴趣,是较高水平的要求。

本学段使用到的行为动词在科学知识领域主要有,"说出"和"知道"。

1-2 小学科学第二学段生命世界领域学习标准

学习标准

1-2-1 第二学段水平 I

▶**科学知识**

(1)识别常见动物的类别;知道植物的一些共同特征。

(2)说出植物一生的变化。

(3)知道动物的器官各有功能。

(4)知道的植物都有自己的生命周期。

(5)知道动物的生存必须依赖周围的植物和其他的动物。

▶**科学探究**

(1)提出问题:在教师的指导下,能勇敢提出对生命世界的现象、问题的假设。

(2)制定计划:在教师的引导下,参与探究计划的制定。

(3)收集证据:在教师的引导下,能够运用感官和选择恰当的工具、仪器,观察生物的外部特征及现象,并进行描述。

(4)处理信息:在教师的引导下,能用合适的科学词汇、图示符号、统计图标等方式记录、整理信息,陈述证据和结果。

(5)得出结论:在教师的引导下,能够参与小组讨论,共商探究结论。

(6)表达交流:在教师的引导下,参与组内交流和组际交流,陈述自己的探究过程和结论。

(7)迁移应用:在教师的引导下,能应用所学,解决简单的实际问题。

(8)反思评价:能够较为合理地评价自己的探究方法、过程和结果。

▶科学态度

(1)探究兴趣:在科学课堂上,愿意参与对生命世界现象的观察、探究活动中。

(2)实事求是:能够相信科学探究中的事实。

(3)追求创新:愿意接受教师指导,使用多种材料、多样方法、多种思路完成探究活动。

(4)合作、分享:在课内外,愿意和同伴合作,承担探究任务;能够接纳他人观点,完善自己的探究活动。

(5)人与自然和谐相处:对人类改造和利用自然有体会,并产生保护自然的意识。

1-2-2　第二学段水平Ⅱ

▶科学知识

(1)能够例举当地的一些植物资源。

(2)举例说明植物与环境的关系。

(3)例举动物器官的功能以及适应环境的方式。

(4)例举动植物的生命过程。

(5)举例说明动植物之间的依赖关系。

▶科学探究

(1)提出问题:在教师的引导下,能积极主动地从对生命世界的具体现象的观察、比较中,提出可探究的科学问题。

(2)制定计划:在教师的引导下,能够基于自己的知识、经验,提出对生命世界的现象、问题的假设。

(3)收集证据:在教师的引导下,能够基于所学,制定简单的探究计划。

(4)处理信息:在教师的引导下,能够运用感官和选择恰当的工具、仪器,观察生物的外部特征及现象,并进行描述。

(5)得出结论:在教师的引导下,能用合适的学科词汇、图示符号、统计图标等方式记录、整理信息,陈述证据和结果。

(6)反思评价:在教师的引导下,能够参与小组讨论,共商探究结论。参与组内交流和组际交流,陈述自己的探究过程和结论。倾听他人意见,完善自己的认识。

(7)迁移应用:在教师的引导下,主动应用所学,解决实际问题。

(8)表达交流:在学习他人经验的基础上,反思自己的方法、过程和结果,并作合理的调整。

▶科学态度

(1)探究兴趣:能在好奇心的驱使下,表现出对生命现象的观察、探究有兴趣,并能从中体验到快乐。

(2)实事求是:能够相信科学探究中的事实。

(3)追求创新:乐于运用多种材料、多样方法、多种思路完成探究活动,并能从中体会到创新的乐趣。

(4)合作、分享:能够主动与同伴合作,积极承担探究任务;探究活动中能够主动接纳同伴的观点,改进和完善自己的探究活动。

(5)人与自然和谐相处:对人类改造和利用自然有体会;并能够主动将环保意识落实到具体的行动中。

学习标准解读

在第二学段里,涉及生命世界里 6 个科学概念里的 11 个知识点。由第一学段的识别生命科学知识,发展到能够知道、描述一些生命科学概念,开始尝试用学到的生命科学知识解释一些生活中的生命科学现象。

经过两年的学习,学生慢慢地接受着科学学习的方式、方法,逐步适应观察探究的过程，并已经意识到观察、探究需要记录，观察、探究的过程、结果需要和同伴交流、共享，开始关注生活中的生命科学问题。因此，在学业标准中也提出了一些相应的要求。

在科学探究方面，开始尝试对生命科学的问题进行假设，并在教师指导下设计探究计划。合作学习意识加强，交流汇报也能完整表达。

在科学态度方面，证据意识也有加强。

本学段使用到的行为动词在生命科学知识领域主要有：“描述”“了解”“认识”和“知道”。在科学探究方面主要是强调“在教师引导下”完成探究实践活动。在科学态度方面主要是“体验”和“意识”。

1-3　小学科学第三学段生命科学领域学习标准

学习标准

1-3-1　第三学段水平Ⅰ

▶科学知识

(1)说出细胞的基本功能；能按照标准对常见植物进行分类。

(2)了解光合作用。

(3)知道动物可以通过自己的行为，适应环境的变化。

(4)初步了解人的呼吸、消化、神经系统的结构和功能。

(5)了解一些生物繁殖后代的方式、方法；知道一些生物亲代和子代之间会有许多的相似，也会有一些不同。

(6)知道生物依赖环境而生存；初步了解生物链的运作原理。

▶科学探究

(1)提出问题：在教师的引导下，能在生命科学领域提出适合自己探究的科学问题。

(2)作出假设：在教师的引导下，就自己提出的科学探究问题，做出假设，并尝试说明假设的依据。

(3)制定计划:在教师的引导下,参与制定探究计划。

(4)收集证据:能够在教师的指导下,通过观察、实验等方法,完成生物信息的收集。

(5)处理信息:在教师的指导下,能够使用科学语言、概念图、统计表等方式记录整理信息。

(6)得出结论:在教师的指导下,运用分析、比较、推理、概括等方法得出科学探究的结论。

(7)表达交流:在教师的指导下,学习使用科学探究报告、科学小论文等形式呈现探究的过程和结果。

(8)迁移应用:在教师的指导下,运用所学生命科学知识解释简单的生命世界的问题。

(9)反思评价:在教师的指导下,完成探究活动的反思和评价。

▶科学态度

(1)探究兴趣:能够在教师的引导下,参与生命世界探究方案的制定和实施。

(2)实事求是:能够尊重事实。

(3)追求创新:在教师的引导下,能够从不同的角度提出探究问题的思路。

(4)合作、分享:能够参与小组讨论,愿意把自己的观念表达出来。

(5)人与自然和谐相处:知道人与自然需要相互依存、和谐相处。

1-3-2 第三学段水平Ⅱ

▶科学知识

(1)说出细胞的基本功能;能按照标准对常见植物进行分类。

(2)说出光合作用的过程和意义。

(3)能够列举事例说明动物有适应环境变化的行为。

(4)能够利用所学知识作为指导,养成良好的学习、生活、饮食习惯。

(5)能够举例说明生物体之间的一些差异可能会影响到生物的生存和繁殖。

(6)能够运用生物与环境的知识,解释为什么人类与环境要和谐相处。

▶科学探究

(1)提出问题:能基于小学阶段所学习的知识,从生物的结构、功能、变化以及相互关系等角度提出适合自己探究的科学问题。

(2)作出假设:能够就自己提出的科学探究问题,提出有针对性的假设,并能说明假设的依据。

(3)制定计划:具有初步的设计实验的能力,能够完成设计单一变量的实验方案。

(4)收集证据:初步掌握观察、实验、查阅资料等获取事物信息的方法;掌握顺序观察、对比观察和分步观察的方法。

(5)处理信息:初步具备使用科学语言、概念图、统计表等方式记录整理信息的能力。

(6)得出结论:能够分清现象、结果和结论;运用分析、比较、推理、概括等方法得出科学探究的结论。

(7)表达交流:能够采用科学探究报告、科学小论文等形式呈现探究的过程和结果,并具备基于证据质疑和评价他人探究报告的能力。

(8)迁移应用:基于所学知识,能够解释或解决一些实际问题。

(9)反思评价:能够在探究活动结束后,进行反思和调整,及时完成探究报告。

▶科学态度

(1)探究兴趣:对探究生命现象感兴趣,表现出对研究生物的结构、功能、变化以及相互关系有兴趣。

(2)实事求是:在尊重事实的前提下,能够冷静地分析证据,并依据证据做出判断。

(3)追求创新:能够大胆质疑,具有创新的意识,积极参加创新实践活动。

(4)合作、分享:在讨论与交流中,能够表达自己的观点,并善于倾听和采纳他人的意见。

(5)人与自然和谐相处:能够自觉实践爱护自然、节约资源的行动。

学习标准解读

在这个学段里，需要教师帮助学生学习生命科学里6个主要概念里的16个知识点。强调了对生命现象的“了解”“认识”“知道”和“解释”。在生命科学探究方面，强调“基于……能……”。在科学态度方面，强调“创新”。

在这个学段里，学生在各个方面的能力都有所增强。因此，学科特性也明显增强，在对生命现象的认识上，由中低年级的独立观察，发展到进行联系性、综合性的研究。在科学探究上，体现学生的自主。具体体现在目标行为动词的选择上，强调“实践参与”。

2 小学科学生命世界领域学习关键问题及指导

2-1 小学科学生命世界课型及教学策略

问题呈现

生命世界的内容在小学科学课程中占很大的比例，为了提高教学效率，我们需要探索一个有效的教学模式。在寻找小学科学生命世界教学模式的过程中，我们首先要确定“课型”，进而能依据“课型”选择教育教学的有效模式。

学习指导策略

小学科学生命世界的内容涉及许多分支科学，其中最主要的有“形态学”“生理学”和“生态学”。若能把握住这几个基础学科之间的关系，就有利于正确把握小学生对生命世界的认知水平，也有利于把握小学科学教学的标准尺度，更有利于我们掌握生命世界的课堂教学规律。

▶生命世界涉及的主要学科

形态学：植物形态、动物形态、人体组织器官(解剖学)。

生理学：植物生理学、动物生理学。

生态学：植物生态学、动物生态学。

▶生命世界各学科的基本学习方法

学习形态学内容时，首先需要对生物的整体形态进行观察和描述，查看生物体的外部特征，接着再将生物体分成若干部分进行观察和描述，进而再进行比较和总结。

在进行生理学方面的学习时，小学教学中主要是运用实验法，实验过程中需要设置实验组和对照组。通过比较对照，尝试发现某些规律。

生态学的内容在小学阶段主要是关于食物链、食物网、生态系统、生态平衡以及生物与环境等知识。主要的研究方法是调查、考察、收集资料，然后再分析、整理获取认识。

▶小学生命世界课程的基本教学模式

(1)以观察为主的课型模式。

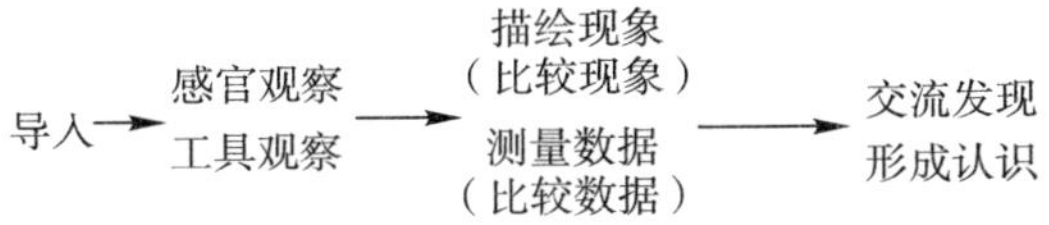

比如：《蜗牛》一课，以观察蜗牛的外部形态、生活习性为主。指导学生直接用感官观察蜗牛的外形，并及时记录观察发现。再建议学生养蜗牛，观察习性，最后通过交流，形成对蜗牛的一致认识。

再如：《花、果实和种子》课，指导学生利用工具解剖花朵，记录观察结果，比较各种花的结构，再交流讨论进而形成对“花”与“果”的认识。这种学习模式适用形态学的内容。

(2)以实验为主的课型模式。

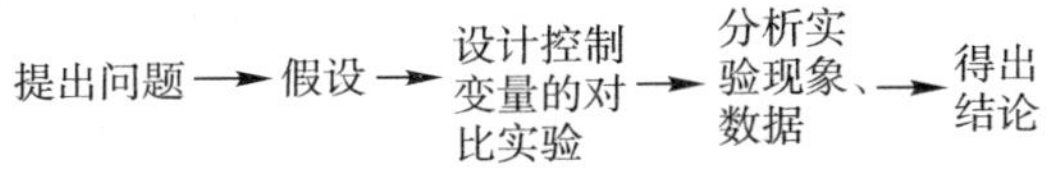

比如：《运动起来会怎么样(二)》一课，先让学生运动起来，发现呼吸次数增加了。组织学生猜测呼吸次数增加的原因是运动后需要大量的新鲜空气。然后指导学生通过对比实验，了解吸入和呼出气体的成分变化。这种模式适用于生理学的内容。

2-2 教学模式和课型的选择与应用

问题呈现

研究教学模式，有利于教师把握教学内容，建构教学过程，提高教学效率。

学习指导策略

▶关于教学模式与课型

所谓“教学模式”，是指在一定教学思想和教学理论指导下建立起来的用于组织和实施具体教学的、具有一定结构形态的、比较稳定的教学体系、策略和操作流程。简单地说，就是一节课中教学过程的建构。

所谓“课型 ”就是按照一定的标准对各种课进行分类。比如“以探究为主导的课型”“以合作为主导的课型”……

各种类型的课，都有其基本的教学环节和教学过程，对这些教学环节和教学过程进行概括，就形成了不同的教学模式。模式和课型又不是一一对应的，一种课型可以选择不同的模式，一种模式也可以适用于多种课型。

▶科学课堂教学模式

探究学习模式：新课程标准中明确提出，科学探究是科学课程学习的内容，也是科学课程学习的方法。

在新课程标准里，关于科学探究就涉及：提出问题、猜想结果、制定计划、观察、实验、制作、搜集证据、进行解释、表达与交流等活动。

我们把课标里提到的科学探究概括一下，就能看到探究学习模式的结构形态：提出问题→实验、观察收集证据→解释与结论（表达与交流）→评价与延伸（拓展）。

这种模式的结构形态，在具体的课型中会发生一定的变化。

“观察引探式”课型：比如，教科版三年级《蜗牛》以及《我们周围的材料》、

《身体的结构》等课，由于在这类课中获取证据的方法以“观察法”为主，所以我们也可以把它称作为“观察引探式”课型。

如何建构这类课的“结构形态”？

第一步：创设情境（在导入中提出问题 明确观察任务）；

第二步：指导制定观察方案；

第三步：自主观察，收集证据；

第四步：交流评价与总结。

这种课型结构形态比较适合低年级教学，但需要在第二步中交给学生一些基本的观察方法。

“实验引探型”课型：有些探究型课型，它是以实验为基础，观察为前提，研究为核心。这种课型是沿着：设疑提问→实验观察→探究讨论→拓展应用为主线的模式。通过教师的点拨引导和学生进行主体探究。在民主和谐、平等合作的氛围中让学生充分发挥主体作用来完成学习。我们可以把它称作为：“实验引探型”课型，也有人称这种模式为：“指导—探究”模式。如，教科版六年级上册《杠杆的科学》，如何建构这节课的结构形态？

第一步：创设情境、提出问题；

第二步：形成猜测（假设）；

第三步：指导设计实验并收集数据；

第四步：分析数据、获得结论；

第五步：交流、评价与应用。

“做中学”课型：在小学科学课程中，有一些内容，适合教师指导学生在实践操作中进行探究型学习。如，教科版五年级《用水测量时间》一课，如何建构这节课的结构形态？

第一步：观察古代水钟，提出问题；

第二步：设计制作的方案；

第三步：制作滴漏；

第四步：试验并记录数据；

第五步：交流总结，提出改进意见。

“数字化探究式”课型：在小学科学课程中还有一类课型，内容比较抽象，学生不易懂，且在真实情境中难以解决。如动植物的生长、宇宙空间等内容。我们要解决这类课型的探究问题，就需要借助数字化教学（现代教育技术）。这种类型的课，有人称其为“数字化探究式”课型。

如，教科版六年级下册《在星空中一》，如何建构这节课的结构形态？

第一步：创设情境（再现星空）；

第二步：建立模型（解释星座）；

第三步：实验探究（观察模型）图画记录；

第四步：分析记录（交流讨论）；

第五步：得出结论（大熊星座、北斗七星）。

以上提到的课型都属于“探究学习类”课型。这是小学科学课程的主要课型，也是我们教学的重要模式。除此之外，还有一些其他模式。

“合作学习型”模式：适用的是课程内容中既有概念，又有探究实验的课型，有利于发挥异质小组的合作学习优势。

如，教科版五年级《摆的研究》《远动与摩擦力》，如何建构这类课的结构形态？

第一步：创设情境 提出问题（确立问题、建立异质小组）；

第二步：猜想假设；

第三步：设计实验（控制变量）；

第四步：分组合作（不同的小组承担不同的任务）收集数据；

第五步：研究讨论（分析数据）；

第六步：交流、讨论得出结论。

“自育自学”型：这是何炳章提出来的一种模式，主要包括以下五个环节，“明确自学重点”“围绕重点自学”“交流自学情况”“点拨自学得失”“巩固自学成果”。相互对照一下，我们会发现，小学科学课堂也有“自育自学”型模式的存在。小学科学课程有一些关于“科学与技术”的教育内容，如：《设计小车》《做指南针》《设计保温杯》《造纸桥》等。这一类的课程，我们可以采用“自育自学”型模式来解决。如，《做个太阳能热水器》一课，如何建构这节课的结构形态？

第一步：提出问题（明确任务）；

第二步：分析材料、初步完成设计；

第三步：交流论证设计、完善方案；

第四步：实践操作；

第五步：作品展示、与评价。

“体验学习”：体验学习，包括开放、体验、创新、发展四个有机组成部分。教师要创设开放的教学情境，注重让学生自主的探索实践，学生是教学实践活动的主体，强调学生主体在参与中的主观能动性和积极的自我体验，体现了教学过程中科学实践与主体能力性的统一。形成教是开放性的引导；学是探索性的体验；过程是互动性的发展。

其基本特征是主体参与，在体验中学习。

这种模式遵循的流程是：创设一种情→确定探究问题→设计探究方案→实施探究过程 → 记录探究信息 →交流、点拨与小结→ 拓展与应用。

我们还可以依据体验的内容与方式，对这种模式进行变化。比如：以自主探究为核心的课程，我们可以说：“自主探究，体验学习”；以互助合作为探究的内容 ，可以说成是：“互助合作，体验学习”等。还可以进一步发展为：“经验体验式”“活动体验式”“实践体验式”“情感体验式”（时间的流逝）等。

一种课型可以使用一种以上的模式进行教学。比如：《我们的身体》一课可以用“观察式探究”，同时也需要“体验式学习”。所以说，课型与模式不是一一对应的关系。仔细思量，我们会发现，能够成为体系的只有两个：一个是探究学习、一个是自主学习。

2-3　微课在小学科学教学中的应用

问题呈现

生命世界里的许多观察内容很难在一节课里实现，比如养蚕，这是一个周期较长的观察内容。一些跨区域的观察也很难在课堂上实现，这对提高课堂教学的有效性都有很大的限制。如何解决这样的困难，是科学老师一直思考的问题。

学习指导策略

近两年，最热门的教育话题非“微课”“微视频”和“翻转课堂”莫属。这是因为“微课”能够帮助老师们解决一些实际的教学问题。

▶什么是“微课”

“微课”是指基于教学设计思想，使用多媒体技术在15分钟内就一个知识点进行针对性讲解的一段音频或视频。对于学生而言，这是一种学习型资源；对于教师而言，是一种教学资源。它是课堂教学的有效补充形式，“微课”不仅适合于“移动学习时代”知识的传播，也能满足学习者个性化学习的需求。

▶微课制作

“微课”可以使用手机、数码相机、DV等摄像设备拍摄和录制，也可以使用录屏软件录制。可以一人制作，也可以多人合作。一般“微课”要求时长2～15分钟，有视频、图片、动画、音频字幕等多种形式。其特点是利于教学，实现教学目标，构思新颖，富有创意；教学内容逻辑清晰，设置合理，形象生动；语言规范标准、讲解清晰，富有感染力；符合学生自主学习需求，能促进学生思维的提升和能力的提高，有一定的交互性。

▶微课在科学教学中的应用

“微课”教学是信息技术和课堂教学深度融合的产物，是信息时代学习形式的发展和趋势。在小学科学课堂上，选择合适的时机、恰当的环节，利用好“微课”，能带来学生学习方式的转变，学习兴趣的提升，最终实现其科学素养的提高。

(1)利用“微课”指导实验。

小学科学是以科学实验为基础的学科，在指导学生进行实验探究中，往往需要“示范”“演示”实验操作，这些“示范”“演示”都需要展示给全体的学生，使用“微课”能够突出观察的、提高效率。

比如：《解剖油菜花》一课，使用“微课”可以把一些细微的部分展示出来，学生看得清楚，操作更具规范性。再如：“过滤”实验，这是教科版四年级的实验操作，要求比较高，如果使用“微课”介绍、讲解操作程序，可以收到直观、简捷、效率高的效果。

（2）利用“微课”，实现跨时空展示。

科学课程里一些观察探究，不是在一节课就能够完成的，有的需要一周时间，有的则需要更长的时间。比如：上《月相观察》一课，时间跨度是一个月；上《铁钉生锈》一课的时间跨度也有一个星期；《食物发霉》《种子萌发》《养蚕》等课程，都需要较长时间。为了让学生获得完整的观察信息，教师可以利用资料，制作“微课”进行展示、介绍。

（3）利用“微课”实现跨区域展现。

有些教学资源不可能搬到课堂，比如：《污水处理》《自然水域考察》等课，我们可以先组建学生调查小组，亲临河流、湖泊、农田、污水处理厂等进行察看、采访、摄录，再进行剪辑制作成“微课”播放。这样可以使课堂的真实感强，效果也好。

（4）利用“微课”解决现实中无法做到的事实。

科学课上的有些教学资源，无法让学生直观学习，只能使用图片加语言描述给学生。如：《血液循环》《肺的气体交换》《地震》等课，我们可以制作动画，配以文字、声音解说等制作成“微课”。形象鲜明、效果逼真。

（5）利用“微课”介绍学生无法接近的现象。

科学课上的有些教学资源、场景学生无法亲临现场，如：《天气观察》《宇宙天体》等。这样的课程教学，如果利用“微课”，可以打开学生的想象，引导学生的思维，收到良好的教学效果。

（6）利用微课实现“翻转课堂”。

“翻转课堂”，一般被称为“反转课堂式教学模式”。传统的教学模式是老师在课堂上讲课，布置家庭作业，让学生回家练习。与传统的课堂教学模式不同，在“翻转课堂式教学模式”下，学生在家完成知识的学习，而课堂变成了老师学生之间和学生之间互动的场所，包括答疑解惑、知识的运用等，从而达到更好的教育效果。互联网的普及和计算机技术在教育领域的应用，使“翻转课堂式”教学模式变得可行和现实。

由于微课具备其教学时间短，教学内容少，资源容量小，主题突出、内容具体等特点，教师将学习内容制作成“微课”，加入到学习网络中，可以使学生在课外（家庭）学习成为可能。

2-4 例说科学课堂上的二元建构

问题呈现

课堂学习的主体是学生，主导课堂教学的组织者与实施者是教师，围绕学习内容，主体和主导之间的有效互动就构成了课堂教学的过程。如何建构好主体和主导的关系是课堂教学是否有效的关键。

学习指导策略

二元经济结构理论是由美国经济学家刘易斯于1954年首先提出的。这个理论揭示了发展中国家并存着传统的自给自足的农业经济体系和城市现代工业体系两种不同的经济体系，这两种体系构成了“二元经济结构”。

社会二元结构是指社会的某项指标的两个极端同时存在，也指一个事物的两种形态并存的情况。比如：社会经济二元结构，即城乡贫富差距过大；社会科技二元结构，生产力发展的不平衡；社会政治二元结构，一般指有两个权力中心。

课堂上如何主导布局？在这里提出课堂上的二元结构，指的是在科学课堂上，教师的主导作用和学生的主体作用并存状况。课堂上，教师主导布局，学生主体参与，师生和谐。

▶解释名词，疏通障碍

教科版四上《运动起来会怎么样》一课，“呼吸”一词如何出现？如何计算？只有把“呼吸”弄明白了，学生在测量实践中获得的数据才有可能有效。刚刚跑完100米，我们的身体会发生哪些变化？“呼吸”是什么意思？“加快了”是什么意思？怎样计算一次“呼吸”？（让学生示范）大家模仿。这样做，学生的测量数据中就有可能避免出现每分钟50次呼吸，甚至60次以上的呼吸频率。

再如：《物体在水中的沉与浮》一课，怎样叫“沉”？怎样叫“浮”？教师需要正确演示，学生需要实践掌握。我们可以这样做：拿一个铁质的瓶盖（如茶叶盒盖子），问学生，把这个铁制品放入水中，它会怎么样？（当学生说沉，教师就让它浮，当学生说浮，教师就让它沉，再追问，瓶盖在水里到底算沉还是浮？）

这一步做好了，学生关于“沉浮”的探究才有可能顺利进行。

▶创设情境，激发兴趣

教科版五年级下册《我们的小缆车》一课中教师播放一段事先在马路边拍摄好的视频，提问：“看到了哪些车辆？是什么力量驱动了车子？”教师再现场演示运动的小车后，追问：“这个小车是什么力量驱动的？”在这样的情境下，学生对“重力”的兴趣就会被激发。

再如：教科版五年级上册《热起来了》一课。教师使用图片、视频创设一个冰天雪地的情境，追问：“到这样的天气，我们该怎么办呢？”情境创设得好，学生如身临其境，思维可以被激活，参加交流才会有兴趣。

▶变通掌控，谋划全篇

如：教科版四上《加快溶解》一课。教师在这一课的课堂教学过程中比较常用的做法是：出示一杯矿泉水，让学生代表喝一口，问什么味道？学生回答，没有味道（白开水的味道）；然后当着学生的面，加入糖块，再让学生喝一口，问什么味道？追问为什么加了糖还不甜，问学生会说，糖还没有溶解。到这里，教师该如何推进教学？通常有如下几种：①什么叫溶解？②怎么才能快点喝到甜甜的糖水？③杯子里的糖块怎样才算溶解？

选①，讲溶解概念对后面的探究观察有没有直接作用；选②，直接接触问题，但情境创设的作用没有发挥；选③，为学生判断是否溶解示范了标准。

如：教科版五下《物体在水中是沉还是浮》一课，这篇课文的最大难点是说明“同种材料的物体在水中的沉浮与其大小、轻重没有关系”。我们面临的问题是当物体的大小改变的同时，轻重也同时在改变。这一点很难跟学生说得清楚。如果这一点说不清楚，学生的研究也会莫名其妙。推荐的方法是，变通教材，整篇谋划。

先明确“沉浮”的概念，再让学生猜想一些物体在水中的沉浮情况？说明理由。再延伸物体在水中的沉浮可能跟什么有关？自己选择材料，验证自己的猜想。（铁块和曲别针轻重、橡皮泥的大小，木块的大小）在这样的基础上，讨论观察到的现象。这样可以让学生好接受，能理解。

▶主体参与，体现效率。

（1）小组文化建设是基础。

探究是科学课堂的常态。合作探究是我们采纳的探究方式。合作探究的效度取决于小组的合作力。

小组的搭建：优等、中等、学困生比例（1∶2∶1），男女生搭配小组学习中，组内必须要有女生来制衡男生动手的霸占权。

小组的目标：每个学习小组都需要设立自己的目标。因此，需要教师健全评价标准来支持。

小组的分工：有组长，并可以轮值。每个实验都需要具体的分工。

小组的合作力需要培养。这项工作做好了，科学课堂上就会变得“安静”，学习秩序就会有条不紊。

（2）导学设计是阶梯。

教师需要对教材进行梳理和整合，汇编成“学材”。在科学课堂上的具体表现是观察与实验设计，通常我们是用实验观察记录表来体现。

观察设计中，需要明确观察对象（提前准备好），提供观察工具（学会使用方法），掌握观察方法步骤，记录观察结果，展示交流与评价。

在控制变量的实验观察中，需要明确研究的问题，知道实验中不变的条件和需要改变的条件，收集到的证据是什么，得出的结论是什么。

不变的条件不能弄得太多，需要简洁。比如：《加快溶解》一课需要实验观察搅拌与溶解快慢的关系。不变条件可以是：一样的糖块、一样的水。尽量避免水要一样多，温度要一样，糖的种类一样，糖块的大小一样，糖块的多少一样等。在导学案里，你设定得越多，越容易搅乱学生的思维。

▶关注全体是保障

当教师把操作指令下达后，学生就会进入到操作状态。教师往往也会加入到学生的学习小组里，进行观察和指导。“埋头苦干”，视野局限了，不能关注到全体学生。比如：《溶解的快慢》一课，一次观课中我们发现在设计实验环节，有的小组就没有参与（自己摆弄实验桌上的材料），这个小组里有位同学一直在举手，有话要说，但教师没有关注到。到了教师要求学生用红砂糖做实验的时候，这个小组就把果糖放在了烧杯里。时间到了，这个小组就没有完成实验，教师也没有发现。怎么解决呢？老师巡视到每一个小组，指导了一个问题后，还需要看看全班的情况。这样才能及时发现问题，保障探究学习的效果。

（2015 年合肥市小学科学研讨会专题讲座文稿）

2-5　明确目标　开展有效实验教学

问题呈现

在小学科学课程涉及的每一个知识领域里，都需要组织学生开展实验教学。实验教学的是否有效，决定了课堂教学是否有效。开展好实验教学是每一位科学教师必须努力做好的事情，也是小学科学教师必备的专业技能。

学习指导策略

认真阅读新课程标准我们会发现：从学习的主体看，学生是实验教学的主体，教师要提供学生实验“探究”的条件；从学习方法看，以探究为中心，学生是探究的主体；从能力培养上看，强调的是学生自己动手动脑，在实践中感知、体验、内化。

传统的实验教学方法怎么样呢？

(1)演示实验：教师操作，配合讲解，建立概念。比如："反冲力"概念的建立，演示气球推动小车时，教师讲解，当气球里的气体向外喷出时，产生了一个和气体喷出方向相反的力，这个力叫"反冲力"。

(2)学生实验(分组)：在教师指导下，学生完成验证实验。

(3)并进式实验：教师一边讲解，一边指导学生实验；属于演示和学生实验之间的实验教学形式。

两者相比，我们不难发现，传统的实验教学是以验证为目的的教学，新课标下的实验是以创设条件，引导学生探究、体验进而有所发现为目的的教学。

我们先来看一个课例：教科版五年级《让沉在水底的物体浮起来》。

老师出示土豆，加盐后让土豆在水里浮起来。

师：同学们有办法让土豆浮在水面上吗？谁来试一试？

生：加盐。

师：真好！(板书：加盐)谁能说说盐是怎么让土豆浮起来的吗？

生：把盐溶解在水里，土豆就浮起来了。

师：不错。那你会做这个实验吗？请看我做。

(师操作完，土豆浮起来了，学生惊呼，老师很享受)

师：同学们想不想做这个实验呀？

生：想！

师：你们知道这个实验怎么做了吗？

生：知道了。

师：你们先做什么？

生：把土豆放在杯子里。

师：是的。因为要让土豆浮起来，我们可以把土豆放在烧杯里，然后加水，接着加盐，并搅拌。这时候你会看到什么？(一边说，一边演示)这个实验你们会做了吗？

生：会了。

师：那就开始实验吧！

……

那么，在新课标下，科学实验课究竟该怎么教？

我提出如下六点看法：

(1)学生是探究学习的主体，变验证为探究。

(2)变先动手为先动脑。

(3)探究活动要做扎实。

(4)材料准备要有结构。

(5)探究过程的收放价值取向要合理。

(6)开展好课外实验探究。

▶学生是探究学习的主体，变验证为探究

新课程标准强调要加强学生收集处理信息、分析总结、观察和创新等能力的培养。为了实现新课程的目标，我们可以让学生在实验中主动探究、讨论、自主思考，以发挥学生的主体性。在以培养学生创新精神和实践能力为重点的素质教育中，教师必须启发引导学生积极思维，让学生自己提出探究实验的方法。指导学生自己动手实验，通过观察实验活动，锻炼学生动手能力，提高他们的创新意识和勇于探究未知的能力。如：《观察土壤》一课的活动二，“找出土壤中的沙和黏土”。教师先让学生自己思考把沙和粘土分开的办法，在学生说出办法后，再让学生到前面的仪器车里自选材料，按照自己的方法来设计和进行实验操作。由于每个学生的认知水平不同，在实际研究过程中，研究小组成员间的见解会有所不同，而这些矛盾也会在他们进一步的研究中自己解决。

▶变先动手为先动脑

如：教科版五年级《摩擦力》一课，这是研究影响摩擦力大小的因素的一节课。我们来看一个案例：

> 师：摩擦力的大小和运动物体的轻重有什么关系呢？我们来做一个实验。请同学们拿出小车和测力计，看视频(播放微视频)。(学生看完视频模仿着做，并填写记录)。

再看：苏教版《观察和测量》一课。这一课里有两个活动，第一项活动：观察。

案例 1

师：观察一下长方体木块有什么特征呢？

生：四条棱的长度相等。

师：是吗？请同学们用尺子测量一下，看看哪些棱的长度相等。（学生测量）

师：谁来汇报？

案例 2

师：下面我们来利用自己的感觉器官，判断黑塑料袋里装的是什么？（教师事先准备好的）

第一步操作：不能打开袋子，只能用手在袋子外面触摸。凭感官判断。第二步：袋子仍然不打开，把手伸进袋子里触摸，再判断。第三步：打开袋子，把物品拿出来。（小组内交流）

师：第一步操作后，你摸到了什么？是什么感觉让你做出了这样的判断？

生：……

第二次：……

第三次：……

在《摩擦力》一课的教学中，学生不需要思考，只要照着"做"，就可以了。《观察和测量》案例 1 中，学生只需要按照老师的指令操作即可，完全不需要用"脑"思考。

动手必须与动脑相结合，如果学生的动手实践变成了简单地执行老师的任务，变成了一种对书本内容的模仿与复制，只需手的运动而无需脑的思考，那么实验的功效就会大大降低。动手实践是需要一定的思维空间，需要一种积极探索的心理状态，需要具有鲜明个性特征的思维活动。所以，动手之前先让学生动动脑子。

▶探究活动要做扎实

只有在扎实的活动中，学生的科学素养才能得到提升。如：教科版三年级教材《水的观察》一课。

案例1

导入:出示一个塑料苹果

师:谁来描述一下这个苹果?

生:……

生:……

师:闭上眼睛,用鼻子深深地闻一闻,能闻到怎样的气味?

师:拿着“苹果”在教室里走了一圈。

生:一股淡淡的香味。

生:好像是红富士的气味。

师:把“苹果”交给一名同学。(这位同学立即惊呼:苹果是假的。)

师:刚才说错的同学有什么感想?

生:不要被事物的表面现象给欺骗了。

生:哪怕是熟悉的事物,也要仔细观察后,才能下结论。

……

案例2

师:今天,我们一起来研究一种我认为最重要的物质,水!为了研究,老师为你们准备了杯子、水、还有记录纸。希望你们开动脑筋,看看谁的发现多。

学生领取材料后开始观察。(教师巡视指导)

汇报:

生:用眼看,水是透明的。

生:水是会流动的。

生:把铅笔投入水中,变弯了,粗了。

生:水用剪刀剪不断。

生:闻不出气味,尝了也没有味道。

……

学生都观察了,但观察的意义却明显不同。案例1是用想象代替了感官。这种观察促进不了学生科学素养的发展。案例2中,学生是真实地投入到了对“水”的观察中,活动是真实的,学生的获得也是真实的。理性的观察是获得真知的大门,也是发现问题,认识世界的必须品质。在科学实验教学中,要切实落实观察,做扎实。

▶材料准备有结构

所谓"有结构的材料",是指教师经过精心设计的典型材料组合。这种组合既要揭示与教学内容有关的一系列现象,体现教材的科学性,又要符合学生的年龄特征和认知规律,且贴近生活,将科学性和趣味性融为一体。

比如,三年级教科版《磁铁的性质》一课,教师要准备的材料有磁铁、铁钉、铜丝、铝丝、镍块、部分非金属材料。学生通过操作这些材料,就能发现磁铁的特性,这样的材料就是有结构的材料。

再比如:教科版四年级《导体和绝缘体》一课的内容。

材料准备至少要包括多个方面的材料。从物态上看,要有固体和液体;从材料类型看,要有金属材料,非金属材料;导体材料中要有包括铅笔芯、合金材料等。要避免学生在探究中得出导体就是金属的错误结论。

保证材料的科学性。比如电磁铁的铁芯,使用前一定要淬火处理。

保证材料有层序出现,才能起到准备材料的效果。(我们可以简单地理解为用控制材料的方法,控制秩序或控制学生)。

▶探究过程的收放价值取向要合理、可控

比如:教科版六年级《杠杆的科学》一课,需要使用平衡尺探究杠杆的原理。

为了让探究的数据收集与分析更简便易行,教师大多是在设计时就规定,在寻找平衡时,每一侧所有钩码都挂在同一个位置上。这样更容易让学生发现力到支点的具体长度,便于记录数据。

倘若我们不去规定钩码的具体挂法,完全开放,让学生自己寻找平衡的方法,实验的结果会复杂很多,也会增加实验后数据处理的难度。但是我们可以想象到,学生的思维与热情会达到多么大的激发和释放,学生经历多次失败后获得成功的情绪高涨,课堂被"放"到了极限。这时候,我们再开始"收"。让学生汇报,教师板书,老师和学生一起分析数据,寻找平衡的实质。这样的课堂,在"收""放"之间,学生的思维得到了激发,情绪得到了释放。

再如,《像火箭一样驱动小车》,为了让学生获得"反冲力"的概念,我们保险做法都是让学生向不同的方向"喷出"气体,看小车的运动方向。学生按部就班地操作后，结论会和老师事先的预定完全一致。

倘若我们换一个方式，“放一放”学生。让学生放飞气球，并画下气球的运行轨迹。那么，学生的情绪就会被极大地释放出来。然后汇报，展示轨迹图，“收拢”学生的情绪，激发学生的思维。学生也一样能够发现“反冲力”的实质。

还如，《米饭、淀粉和碘酒的变化》，我们通常的做法是：让学生品尝米饭之后，发问：“米饭在嘴巴里咀嚼了一会儿之后，为什么会变甜了?”学生的各种“解释”就出来了。米饭中有甜的东西，咀嚼中被嚼出来了；口水让米饭变甜了……

然后，教师进行解释。

有位老师在教学这个内容时，就“放”了一把。当学生说出“米饭中有甜的东西，咀嚼中被嚼出来了”时，老师没有再让学生说下去，老师却把问题踢给了学生，“他的解释，你们觉得正确吗”? 学生的解答就不止两种。师发问：“怎么证明，自己的想法?”这样学生的方法就会被逼出来了。

在科学课上，孩子们能够像“科学家”一样阐述观点，作出解释，并想到用实验的办法来证明的时候，正是孩子们发现自己的时候。有什么样的教育能够替代这样的力量。当然，“放”是要有胆量的，需要课前的大量思考和准备，更需要我们有“育才”的先进教育理念。

▶开展课外实验活动，培养学生的创新能力

新课标要求重视对学生创新意识及科学精神的培养，这一点应反映在科学教学的全部过程之中。充分发挥实验教学的教育功能不仅仅是停留在课堂上。科学课外活动是科学课堂教学的延伸和补充，是培养学生积极探索、勇于超越的科学精神的重要途径。在教学中，教师要克服困难、创造条件，多组织和指导学生开展课外活动；发动和组织学生积极开展课外小实验，让学生自己发现和寻找身边的科学，使其成为实验的研究内容。学校可以创造条件全面开放实验室，使学生随时随地都能进行各种实验。特别是对一些学习能力较强的学生，要鼓励他们敢于提出新的问题，并按照自己的想法设计、进行一些小实验，独立地或与他人合作解决这些问题。同时还可以通过实验来验证自己在学习中的一些疑问，以此激发学生的实验兴趣，培养学生用实验来探究未知，大胆质疑，勇于超越的创新精神。因此，我们还必须注意创设创新教育的大环境，使之与创新能力培养相适应。同时教师要注意减轻学生的作业负担，使学生有时间和条件去接触自然、参加社会实践，在实验教师的指导和帮助下，选择进行发明创造的课题，并通过自己的创造性工作，满足学校、家庭和社会的各种需要。学校还要采取措施构建创新教育的环境。如为学生提供个性化的表现机会；合理安排课程，积极开展第二课堂；组织学生开展小发明、小创造等活动，为学生创新才能的发挥提供机会；对学生的创新成就进行奖励等。要在校园中形成浓郁的崇尚创新、尊重创新人才的气氛，使学生能够处处感受到创新的气息，以创新的心态去学习和生活。

当然，影响科学教学有效性的因素还有很多，如：教师的恰当的评价，学生及时的自我反思，设计合理的教学目标等。这些都是需要在教学中不断研究、调整。应该说，改革小学科学实验教学要做的事很多，涉及的面很广，本人上述的几点只不过是泛泛而谈，旨在抛砖引玉而已。新课改下教师既要做教书匠，又要做思想者，且行且思，且思且改，充分挖掘科学教师这一职业的有效性，在发展学生中发展自己，实现自身的价值。

如何适应新课程标准对我们的要求，我们科学教师要做到：

1. 转变观念，不能用老方法来教现在的孩子。

2. 练本领，实验教师要练的本领很多。如：标配器材的使用、维护、保养；替代材料的收集和改进，拓展实验资源……

3. 研究教材，落实实验过程。

4. 爱读书，从书籍中汲取营养；善批判，从批判中创新方法。

教无定法，我们需要学习别人的技术，但我们不能太倚重别人的技术。我们要用理论做指导，批判性地接受别人的技术，发展自己的特长，塑造自己的教学风格。一到观摩公开课，大家都趋之若鹜；一到理论培训，大家都推之不动。这是很不好的现象，这样会妨碍或推延我们的专业成长。

（2014年合肥市小学科学实验培训讲稿）

3　小学科学生命世界领域学习课例研究

3-1　基于数据的论证

——《相貌各异的我们》课例

课例展示

【背景分析】

六年级学生对于“生物是多种多样的”描述不会产生怀疑，但是这样的认识可能是模糊的，很少有学生去仔细地琢磨或求证过（尤其是基于数据的论证）。

小学科学新课程标准里关于科学探究有明确的要求，“体验科学探究中证据、逻辑推理及运用想象建立假设和理解的重要性”。由此，“基于数据的论证”被提了出来。

【情境与描述】

《相貌各异的我们》是教科版六年级上册《生物多样性》单元的第五课。本节课主要分为三个活动，分别为“观察我们的不同”“做一次班级相貌普查”和“性状组合”。本单元核心概念：生物的多样性。这节课主要利用排列组合的方法让学生体会多样性的由来。

教学本课需要实现的目标是：知道同一种生物不同个体之间也存在着差异。生物有不同的性状特征，这些特征的不同组合造就了多样的生命个体。培养观察能力和辨析不同现象特征的能力，激发学生探究生命奥秘的兴趣，培育学生珍爱生命，尊重生命的意识，体会生物多样性。

为了目标的实现，需要做如下的准备：

学生准备：镜子。

教师准备：相貌特征调查表（附表一）、小组相貌特征统计表（附表二）、班级相貌性状调查统计表（电子版表格插入课件）、课件。

【教学实录与评析】

（一）认识相貌特征

师：（播放四组儿童照片）同学们认真观察这几张照片，把他分分组，你认为可以分几组，说说理由？

生：男孩和女孩。

师：根据什么分的，能说具体点吗？

生：根据性别这一标准可以分成男性和女性。

师：还有其他的吗？

生：根据肤色可以分为黑皮肤组和黄皮肤组。

生：根据发型分为直发类和卷发类。

师：同学们不仅观察得非常仔细，总结得也很准确，（教师出示一张直发照片）你们认为他是直发类还是卷发类呢？

生：（齐）直发类。

师：（出示同一个人烫过头发的照片）你们再想想。

生：（同学们窃窃私语，有些错乱）卷发。

师：同一个人到底是分在卷发组还是直发组呢？所以我们刚才说的直发卷发标准应该是？

生：天生的

师：那这个人应该属于？

生：直发类，后面烫的头发不算。

师：（出示班级一名卷发同学的照片）那他应该是哪一类？

生：卷发类。

师：那么根据发型，直发、卷发可以把我班级分成几类？

生：两类。

师：那接下来老师再考考大家的眼力（出示四张小孩子微笑的照片，其中两张有酒窝，两张没有酒窝）。给这几个孩子分组，你有什么新的标准？

生：根据有没有牙齿，分为有牙齿类和没有牙齿类。

师：恩，有不同意见吗？

生：没牙齿的还小，长大了会有牙齿的。

师：说得很有道理，所以我们这个特征最好是？

生：长好了，稳定的，天生的。

生：眼睛大的和眼睛小的。

师：那你觉得老师的眼睛是大还是小呢？

生：（笑）小。

师：都同意吗？

生：（部分学生）大。

师：我们的想法产生了分歧，说明我们的分组标准不是太明显。那你们再仔细看看。

生：根据有没有酒窝分，有酒窝类和没有酒窝类。

师：那根据有没有酒窝，我们又可以分为几组？

生：两组。

师：同学们，你们还知道哪些相貌特征呢？

生：有耳垂、无耳垂。

（教师出示两张耳垂对比照片）

生：双眼皮和单眼皮

师：（出示双眼皮单眼皮对比照片）方老师左眼是双眼皮，右眼皮是单眼皮，那该怎么办呢？

生：（笑）就分为有双眼皮和无双眼皮吧！

师：同意这样分吗？那这样又可以把我们班级分为几类呢？

生：同意，两类。

师：老师这里还有一个平常大家很少留意的相貌特征，（出示两张发际对比照片）你看出不同了吗？

生：一个发际是平的，一个向前突出的。

师：我们可以把他叫做“V”发际类和平发际类。

评析：方老师这节课中的相貌特征分组标准不是直接给出的，而是先出示几张典型照片，让学生进行比较分组，自己去发现物体的分组标准是什么。这样比较可以使学生观察更加细致，它可以帮助学生认识相貌的特征和事物之间的关系。我们可以看到学生有的是按眼睛的大小分的，有的是按肤色分的，还有就是按发型进行的分组，这些都是给照片中小孩分组的标准而已，标准的不同分的也就不同。通过学生自己的比较观察，锻炼了他们的观察能力，尤其是运用多级二分法的能力。学生在观察第一组照片相貌特征结束后，方老师组织孩子建构概念即相貌特征必须是典型的、稳定的。再根据这个概念对第二组照片的相貌特征进行分组。可以看出学生在第二组照片观察时对相貌特征观察更有针对性。

纵观以上，学生先通过观察活动，建立概念，然后运用概念分组。不仅能获得知识，更能推动是学生思维能力的发展。

（二）观察自己的相貌特征

师：说了这么多相貌特征，相信大家也想观察自己的相貌特征了。

师：今天我们就观察刚才我们讲的五组相貌特征。观察之前，为了方便大家快速记录，老师在这有个小技巧。待会儿同学们如果发现自己是直发就在记录单上写 A，卷发呢就写 a。同理，有酒窝写 B，无酒窝写 b；有耳垂 C，无耳垂 c；有双眼皮 D，无双眼皮 d；“V”发际 E，平发际 e。

师：比方说，这是方老师自我观察的相貌特征代码——AbCde，你能说说这是什么意思吗？

生：方老师是直发，无酒窝，有耳垂，有双眼皮，平发迹的。

师：那就请大家拿出课前准备的小镜子仔细地观察一下自己，并在记录表格一记下相应的特征代码。同时注意安全，小心镜片伤到手。

（学生拿着镜子专心观察、记录）

师：科学的记录结果一定是经得起验证的。请记录好的同学将你的记录单与同桌互换，再次检验记录结果的准确性。

评析：相貌特征用编码表示，是很有创意的。既提高了学生记录效率，也把问题简单处理了。当然这也造成有很多人的编码相同，甚至男女生也一样了，这里正好可以为后面概念的引出提供很好生成点。

（三）统计分析班级相貌特征

师：请记录完的同学将你们记录的相貌特征代码放到你们桌子的左上角，每一组的小组长快速地记录你们小组各有多少个 A、a、B、b、C、c、D、d、E、e。

师：请每小组上报记录表二，填写统计表。

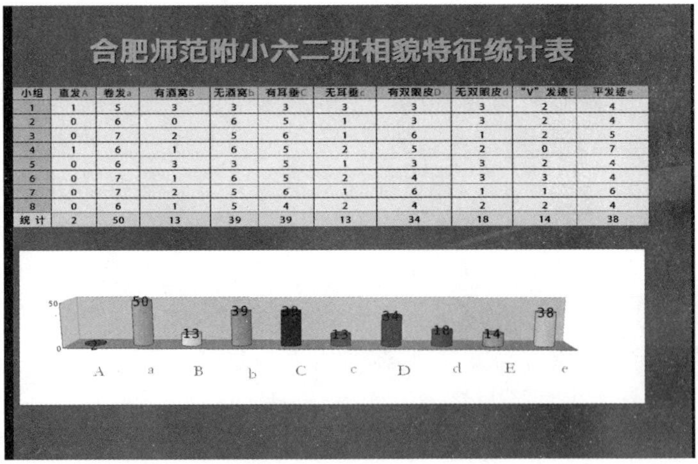
合肥师范附小六二班相貌特征统计表

小组	直发A	卷发a	有酒窝B	无酒窝b	有耳垂C	无耳垂c	有双眼皮D	无双眼皮d	“V”发迹E	平发迹e
1	1	5	3	3	3	3	3	3	2	4
2	0	6	0	6	5	1	3	3	2	4
3	0	7	2	5	6	1	6	1	2	5
4	1	6	1	6	5	2	5	2	0	7
5	0	6	3	3	5	1	3	3	2	4
6	0	7	1	6	5	2	4	3	3	4
7	0	7	2	5	6	1	6	1	1	6
8	0	6	1	5	4	2	4	2	2	4
统计	2	50	13	39	39	13	34	18	14	38

师:请同学们观察我们班的相貌特征统计表,你有什么发现?

生:我们班的直发多,卷发只有两个。(学生笑)

生:平发际的也挺多,有无双眼皮的差不多。

师:这里有黑种人相貌特征统计结果及照片(出示黑种人统计图),你们有什么想说的?

生:我们跟黑人相貌特征相差比较大,他们好多卷发,我们很少,而且肤色不一样。

师:谁能总结一下?

生:不同的人种不一样。

师:能不能说同种生物(人),不同群体的相貌特征是不一样的?同意吗?

生:同意。

师:希望大家回去后,调查统计你们大家庭的相貌特征,看看你们有什么发现。

评析:科学调查研究所生成的数据必须经过分析获取其含义。数据本身往往不能自明。方老师将班级的相貌特征用图示的方法表示出来,学生看到的很直观,加上与黑种人相貌特征的对比,可以让学生更好地感受生物的多样性。

(四)组合相貌特征

师:刚说了按照直发、卷发可以把我们班级分为两组,那有酒窝和没酒窝是不是应该也分为两组呢?如果两个特征组合呢?能组合成几组?

生:直发有酒窝,直发……

师:稍微打断一下,为了方便,你可以用刚才的字母表示。

生:AB、Ab、aB、ab

师:我看了你是Ab,那你们这一类应该是全班类数的几分之几呢?

生:四分之一。

师:那老师再加一个有没有耳垂,能组合成几组了呢?把它写下来并数数吧。

生:ABC、ABc、Abc……一共八组。

师:再加一组发迹特征呢?

生:十六类。

师:Abcd是全班类数的几分之几呢?

生：十六分之一。

师：再加一组是否有双眼皮呢？

生：三十二类。

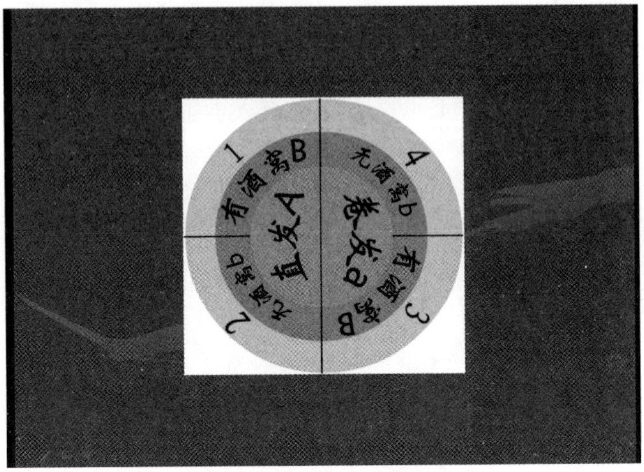

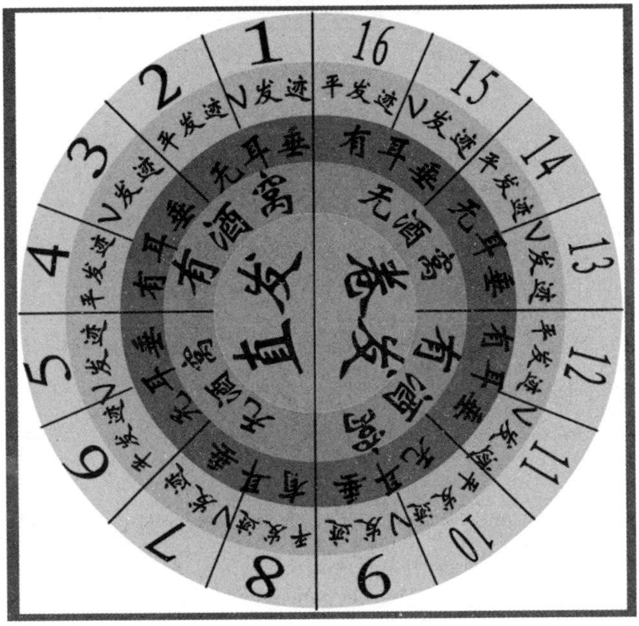

评析：《礼记·学记》中写到，“善问者如攻坚木，先其易者，其其节目，及其久也，相说以解”。问题的设计如果缺乏相应的铺垫，学生就会百思不得其解。方老师在讲相貌特征和组合的问题时，设置一个由浅入深、由表及里的阶梯性的问题系列，层层深入，让学生带着问题自始至终沉浸在研究的氛围之中。在课堂上，教师依次提问，逐步出示同心圆，让学生先完成一些铺垫性的准备题，层层深入地分析，从而使学生的思维由表象到本质、由简单到复杂步步展开。这样可以起到铺路搭桥的作用，有利于学生掌握生物多样性的知识。

师：五组特征可以把我们分成三十二组，老师的相貌特征代码AbCde是其中三十二分之一，那请和老师一样的同学站到讲台前来。

师：我们七个人长得像吗？

生：一点也不像。

师：如果我们试着得出一个结论的话，可以得出怎样的结论呢？

生：我们每个人都不一样。

师：如果用这样的句式该怎么说呢？（指向刚才的板书“同种生物：人，不同的群体相貌特征不一样”）

生：同一种生物，不同个体相貌特征是不同的。

评析：在教学中应注意学生课堂语言的规范性，正如著名科学家爱因斯坦认为：“一个人的智力发展和形成概念的方法，在很大程度上取决于语言。”语言不仅是思维的工具，也是内部智力活动的工具，是智力发展的促进者，学生掌握知识必须通过语言。语言是思想的载体，掌握好科学语言是有效学习科学知识的基础。

师：这只是我们从表面上看到的，按照前面的五组面部特征分类，我们七个人应该是同一类的，可是我们看上去却相差很大，你们能不能对我们七个人再进行分组？

生：分成男生和女生。

师：请女生回座位，在刚才五组特征组合成三十二组的基础上，现在可以分成多少组了？

生：六十四组，六十四分之一。

师：继续吧。

（学生几乎没人回答了）

师：除了面部特征以外，身体的其他特征也可以作为我们分组的标准。

生：舌头能不能卷。

师：舌头不能卷的同学请回座位。（又坐下去了一个学生。）

师：那现在是一百二十八分之一了。同学们继续加油啊！

（学生好像想不到了）

师：老师提示一下。我们的行为习惯也可以作为分组标准的，请剩下的同学双手交叉握住，老师是左大拇指在上，请右拇指在上的同学回座位。

师：现在是多少分之一了？

生：（惊讶）二百五十六分之一。

师：老师是“O”型血，请血型跟老师不一样的同学回座位。

生：五百一十二分之一了。

（最后只剩下教师一人站在讲台）

师：现在分组后，只剩下我一个人了，你们有什么想说的呢？

生：方老师，你和他们都不一样。

生：方老师，你现在是唯一的了。

师：其实我们刚说的形态特征：如肤色，酒窝，直发卷发，生理特征：人的血型，行为方式双手交叉等等各种特征是我们以后将要学到的一个概念——性状。

师：如果现在是十组性状了，那么我们应该是多少分之一了？

生：一千零二十四分之一。

师：（出示 20 种性状 1048576 种，40 种性状 1099511627776 种。）

评析：在科学领域中，数学和计算是表征物理变量及其相互关系的基本工具。这节课上从一组特征到四十组特征组合，从分为两组到一万亿组，从概率为二分之一到一万亿分之一。数学和计算被广泛应用于数据统计分析。利用数学和计算方法可以帮助学生做出对“世上没有两个完全一样的人”的预测，并对此预测进行测试。

生：（张大嘴巴）哇。

师：那你觉得世界上有没有完全一样的人呢？

生：没有。世界上没有相同的人。

生：（某个角落出现一个声音）双胞胎呢？

师：双胞胎一样吗？

生：指纹不一样。

生：（又一角落）克隆人。

师：首先，根据目前的法律规定，是不允许研究克隆人的。其次，后天环境也可能会影响他的性状。

生：(学生貌似咬住不放)万一环境也一样呢？

师：首先很肯定这位同学真是个爱思考的孩子，为了真理能刨根问底。如果按照四十种性状组合，就大约有一万亿种类别，那么我们就是一万亿分之一，更何况我们的性状可能还不止四十种。而现在地球大概有七十亿个人，“世界上没有相同的人”这句话怎么说更准确？

生：这个世界上存在两个相同的人的几率非常小，小到一万亿分之一还不止。

师：大家都同意吗？

生：(齐)同意。

(五)小结、拓展延伸

师：谁来说说这节课有什么收获？还有什么问题呢？

生：这个世界上存在两个相同的人的几率非常小，小到一万亿分之一还不止。

生：同一种生物，不同个体相貌特征是不同的。

生：我想回家调查，看看我们大家庭的相貌特征相同的几率是多少。

生：我知道什么叫做“性状”。他可以是我们的相貌特征，也可以是我们血型或者行为习惯。

师：同学们的收获很丰富，希望同学们能继续研究。

评析：当学生从四十种性状可以组合一万亿种中总结出“这个世界没有两个完全一样的人”，方老师没有持肯定的态度，如果仅仅因为一万亿种，就推而广之全人类，是否科学？逻辑是否严密？基于数据的论证，学生总结出“这个世界上存在两个相同的人的几率非常小，小到一万亿分之一还不止”，可能更合理。

附表一

相貌特征调查表

班级：　　　　　　姓名：　　　　　　组号：

直发(A)、卷发(a)	有(B)酒窝 无(b)酒窝	有耳垂？无耳垂？	有双眼皮(D) 无双眼皮(d)	V发迹(E)、平发迹(e)

附表二

第（ ）小组相貌特征统计表

特征代码	A	a	B	b	C	c	D	d	E	e
小组总数										

执教：方晓磊　评析：朱家礼

【问题与讨论】

收集证据是探究过程的一个重要环节，提出问题是科学探究的开始，以对问题的解释与结论为结束标志，而收集到的证据是科学探究得出解释与结论的唯一依据。

"证据"，顾名思义，就是证明的依据，它是为要证明的猜想、假设、理论服务的。科学探究中的证据可以是科学事实、科学史实，也可以是自然现象、生活经验，还可以是科学技术发展及其应用的重大成果、科学对个人和社会发展产生重要影响的事件等。数据也是一种证据。

完成探究，需要实现从假设到解释，而实现的关键是收集证据。收集证据是学生通过探究获得新知的关键所在，也是培养科学素养的需要。

小学科学教学不仅需要培养学生的证据意识和收集证据的能力，更需要提供学生收集证据的途径和方法。

用数据论证《相貌各异的我们》，实现的是课程标准的要求。本课教学中，利用数学和计算方法可以帮助学生做出对"世上没有两个完全一样的人"的预测，并对此预测进行测试。是实践学生的证据意识，当学生从四十种性状可以组合一万亿种相貌中总结出"这个世界没有两个完全一样的人"是证据意识的应用。

【诠释与研究】

学生获取证据的能力需要我们在科学课上培养。但在实际的科学课堂上，学生是难以区分现象和基于现象的结论，多数学生不能够将观点和证据进行有效的联系。一些隐性证据学生难以发现，像本课例中"性状"与"相貌的多样性"。

如何培养学生收集和处理证据的能力，还须教师在科学课堂教学中实现。

第一，课前制定好指导学生实施探究的计划。科学探究不能盲目进行，应该选择取得证据的途径和方法。

第二，提供有结构的材料。教师经过精心设计的典型教学材料的组合。

第三，在科学探究活动中，不仅要动手更要动脑，动手前先动脑。

第四，指导学生做好科学记录。

第五，不要忽视对证据的评价。需要引导学生运用多种形式对证据进行整理、加工，去伪存真，去粗取精，将所获得的证据与他人进行交流，并对证据的可靠性进行评价。练习在分析证据的基础上，对假设的解释，从而得出科学、合理的结论。实现从假设到结论的对接。

课例透析

围绕“数据”获证，提供学生观察的实体非常重要。照片观察和分组的思维训练很成功。使用镜子观察自己，真实！调查同学的性状特征，具体！这是相貌性状特征的数据来源。有了这些真实、具体的数据，性状组合的练习就有了依据。性状例举越丰富，相貌的差异就越大。性状数据越大，相貌的相异群体就越大，“多种多样”的概念就越清晰。在学生实践性状组合与相貌特征时，使用图形直观展示，顺利地实现了学生思维由直观到抽象的转变，也为学生理解和接收大数据的性状组合和一万分之一的相貌概率做好了准备。整节课，用数据支持的结论的论证过程思路清晰，目标明确。

3-2 生命世界典型教学课例

——《蜗牛》

课例展示

【教学内容】

《蜗牛》一课是教育科学出版社《科学》教材三年级上册第二单元《动

物》的第二课时。教材安排了四个部分:“我所知道的蜗牛”;“观察蜗牛的身体”;“观察蜗牛的运动”;“饲养蜗牛的方法”。这是观察小动物的起始课,重在指导观察方法,教学的重点在了解动物的共同特征,在学习过程中给学生渗透爱护生命的意识。

【教学目标】

科学概念:

1. 知道蜗牛的特点:体现在它的运动、身体构造等多方面。

2. 知道蜗牛能对外界的刺激产生相应的反应,如触角伸缩、身体躲进壳内以躲避危险等。

3. 知道蜗牛利用腹足能在各种物体上爬行,腹足做细波浪状运动并在爬行中留下粘液痕迹。

过程与方法:

1. 经历和体验从整体到局部的观察过程,并学习使用放大镜做更细致的观察。

2. 能用简图画出蜗牛的外形。

3. 会按照教科书介绍的方法饲养蜗牛,做好记录。

情感、态度、价值观:

发展研究小动物的兴趣,树立起认真细致、实事求是的观察态度,做到不打

扰、不伤害小动物。

教学重点:

经历对蜗牛外形、运动、反应等方面的观察活动。

教学准备

分组材料:2—3 只蜗牛、放大镜、树枝、绳子、玻璃、饲养槽。

【教学过程】

教师活动	学生活动	点评
课前布置学生捉蜗牛。 教师提醒学生注意在哪里捉到的蜗牛,捉到蜗牛的地方有什么环境上的特点。给自己的蜗牛起个名字。叮嘱学生捉蜗牛时不要伤害蜗牛和其他动植物。 一、交流展示,进入新课 谈话:课前,老师希望大家能够寻访到蜗牛,成功了吗?能给大家介绍一下自己的成功寻访过程吗?	学生课外捉蜗牛,记录捉到蜗牛的地点及环境特点。	让学生对蜗牛的生活环境有一个初步的认识。

续表

教师活动	学生活动	点评
二、观察蜗牛 1. 谈话：刚才听了同学们的介绍，我知道了你们都有不寻常的寻访经历，我也知道了蜗牛家居在潮湿、阴凉的地方，如果我还想知道更多的蜗牛的信息，该怎么办呢？	学生到台前面向全体同学介绍自己的寻访经历。	这个展示、交流的过程把课外探究和课堂教学承接在了一起。用“寻访”一词，体现了对小动物的尊重，暗含了爱护小生命的意识。
2. 讲述：同学们讲到了可以通过仔细观察来获得更详细的信息，那该怎么来观察呢？请同学们在小组内讨论一下，制定一个具体的观察方案来。	学生讨论，提出解决办法。（问家长、查阅材料、仔细观察、和蜗牛交朋友等）	如何将无意识的观察转化成有目标的研究，需要教者认真设计。学生通过对蜗牛的初步观察已经获得一些浅显的认知，如何提升认知，教者的过渡很有必要。教育用提示激发学生的思考。
3. 倾听学生的方案。	学生小组内讨论。	
4. 明确观察的内容和具体的观察方法。（使用多媒体投示出来）。 ①用眼睛看看蜗牛的颜色、形状，并用图画记录。 ②用放大镜看看蜗牛的触角和腹足。 ③看看蜗牛是怎么运动的。 ④观察过程中的其他发现。	学生汇报小组内的讨论结果。 学生按照观察记录表的提示进行观察和记录。	用观察记录表引导学生的观察实践，目标明确。符合三年级学生的认知特点。
三、指导交流并小结 汇报1：蜗牛的外形及结构。明确：坚硬的螺旋形外壳里，裹藏着柔软的身体。	学生展示蜗牛的外形及结构图画。	
汇报2：蜗牛的运动特点。明确：靠腹足运动，爬过的地方有粘液。	学生汇报观察到的蜗牛运动特征。	
汇报3：蜗牛对刺激的反应。明确：能对刺激做出反应。	学生观察到的蜗牛对外界刺激的反应。	
四、提出饲养蜗牛，并指导方法 1. 谈话：通过这节课的学习，你们对蜗牛都有哪些了解了？	学生谈收获。	由课外引入课堂，再由“饲养”引出课堂。这是观察学习的延续。
2. 要想知道更多的蜗牛的秘密，我们还可以怎么办呢？养养蜗牛，和蜗牛做朋友。	学生课外饲养、观察蜗牛并记录发现和产生的新问题。	
3. 教师介绍饲养蜗牛的方法和注意事项。		

课例透析

(1)蜗牛这种小动物，孩子们很熟悉，但又存在模糊认识。在进行教学设计时，我遵循了“科学探究始于细致观察”的新课程理念，培养学生科学观察的能力，达到提高学生科学素养的目的。

(2)根据教材特点,我设计了实验室观察和自然状态下观察的两个环节。课前,我让孩子们在校园捉了很多只蜗牛,让他们了解蜗牛的生存环境。课堂汇报时,我让他们交流捉蜗牛的体会,考察他们的观察能力、听说能力、记忆能力。在教学设计上,我让学生根据自己平时的观察,说出蜗牛生活的环境、习性,然后画一画心目中蜗牛的身体。

(3)在课堂中,学生带着疑问、带着好奇积极投入探究过程,在探究中思考,在思考中发现。小组中能力较强的孩子、小组长在起着带领作用,使全组的孩子都动起来。虽然每个人收获不一样,但是都学到了知识。

(4)我在课堂上讲解的时间很少,大部分时间交给学生们去观察、思考、实践、探究,从而使他们的思维能力、合作能力、探究能力得到提高。教师在课堂上成为学习的指导者,学生学习的合作伙伴,真正体现学生是科学课堂学习的主体。

观察蜗牛记录表(1)——我眼中的蜗牛

观察小组:　　成员姓名:　　观察日期:

颜色	大小	样子(画下来)

观察蜗牛记录表(2)——蜗牛是怎么运动的

观察的方法	我的发现

观察蜗牛记录表(3)——蜗牛遇到刺激会怎么办

观察的方法	我的发现

3-3　植物新生命的开始

课例展示

【教学内容】

《植物新生命的开始》是教科版小学《科学》三年级下册《植物的生长变化》单元中的第一课，本课包括以下三部分内容。

第一部分：记录我们的想法。这是一个了解学生关于植物的生长发育过程“前概念”的教育活动，目的是激活学生的已有认知，引领学生思考他们对植物生长发育过程的了解了多少，激发学生观察研究植物生长发育过程的兴趣。“有些植物可以用根、茎、叶繁殖出新的植物，但在自然状态下大部分绿色开花植物都是从种子开始它们新的生命的”。教科书上直接描述了这样一个事实，一方面可以帮助学生澄清模糊不清的认识，另一方面引出了对于种子的观察活动，同时为后面用种子种植植物的活动做了铺垫。

第二部分：观察植物的种子。包括对不同种子外部形态特征的观察和对种子里面有什么结构的推测。然后在观察比较的基础上得出结论：不同植物的种子，它们的形状，大小、颜色等各不相同。虽然不同植物的种子外部形态各不相同，但它们却都能生长成一株植物。“种子里面有什么”？“是这样的吗”？“掰开一粒种子看一看”。展示了学生的思维过程。教科书意在引领学生在对种子外部形态观察和对植物生长发育过程进行思考后，能产生一些问题，能运用自己的经验对问题的可能答案进行推测，能想办法对自己的推测进行验证。

第三部分：“让我们种植凤仙花，观察它的生长变化过程吧”！教科书后面的提示，提出了本单元种植凤仙花的学习任务，提示种植凤仙花前应做的准备工作。

基于以上对学习内容的分析，确定本课的教学重点是：引领学生产生问题并积极思考，能用适宜的方式将自己的认识清楚地表达出来，并能想办法证明自己的猜测是否正确。

基于对课文的分析和思考，确定本课教学的指导思想是：在充分了解学生已有认识水平的基础上，帮助学生从已有概念出发，通过一系列观察探究活动进行知识建构，从而形成对“植物种子的外部特征、内部结构”的认识。

【教学目标】

科学概念：

1. 知道不同植物的种子，它们的形状、大小、颜色等外部特征各不相同。

2. 知道种子有自己特殊的结构，在适宜的条件下可以萌发、成长为一棵植物。

过程与方法：

1. 能用感官和放大镜观察种子的外部形态特征。

2. 能根据对植物生长的已有认识，预测植物种子的内部结构。

情感、态度、价值观：

激发学生对植物生长变化观察的兴趣。

教学重点：

引领学生产生问题并积极思考，能用适宜的方式将自己的认识清楚地表达出来，并能想办法证明自己的猜测是否正确。

教学难点：

引导学生根据自己已经掌握的植物生长知识，预测植物种子的内部结构以及种子萌发、生长变化状况。

教学准备：

教师准备：猫妈妈给小猫哺乳的图片、鸡妈妈带小鸡吃食的图片、向日葵小苗的图片、各种植物的种子（向日葵、花生、四季豆、南瓜、小麦、玉米、绿豆等）、白纸、放大镜。放大镜使用方法的微课视频。

学生准备：浸泡过的花生、蚕豆、黄豆种子。

【教学过程】

教师活动	学生活动	点评
一、课件展示，激趣导入 1. 多媒体出示：小猫、小鸡图片。问认识它们吗？能说说怎么会有小猫和小鸡呢？ 2. 出示向日葵小苗的图片。讲述：这是一株向日葵的小苗，你们知道它是从哪里来的吗？ 3. 讲述：向日葵小苗是向日葵种子萌芽并生长起来的。今天我们就来研究植物新生命的开始。（板书课题）	学生回答：（希望学生能够说出，小猫是猫妈妈生的，小鸡是从鸡蛋里孵化出来的）。 学生自由回答。	从生活中常见的动植物入手，以孩子们熟悉的小动物、植物的出生为例，让孩子们很自然地明白：动植物出生的方式是不相同的，从而引发孩子们对植物新生命奥秘探究的兴趣。

续表

教师活动	学生活动	点评
二、记录我们的想法 讨论：向日葵可能会经历怎样的一生？ 1. 讲述：向日葵的种子里生长出了向日葵的幼苗，以后还会发生那些变化呢？（小组里讨论一下）（随着学生的回答，用多媒体展示向日葵的种子、向日葵生长、开花、结果的图片）。	学生小组讨论。 小组派代表交流。	随着学生的讨论，展示向日葵的出生、生长等变化，起到了引导和示范的作用。
2. 出示蚕豆、花生、玉米的小苗，你们知道它们是怎么来的吗？它们的一生会发生哪些变化呢？你们可以采用图画、文字等方式来表示。 3. 评价学生的绘画记录。引导小结：这些植物都是从种子里生长出来的。它们都会经历生长、开花、结果的过程。	学生各自绘画。 小组交流。 全班展示。	在这里，老师顺延了研究向口葵的成果，学生的学习难度被降低了，这是让全体学生参与学习的好办法。
三、观察种子 1. 讲述：自然界里绝大多数的绿色开花植物都是从种子开始它们新的生命的。老师在课前也让你们收集了一些植物的种子，先仔细观察一下，看看它们有什么特点，再给大家介绍一下。 2. 讨论观察方法，播放微课。 3. 组织学生汇报观察的结果。	学生观察、介绍自己带来的种子。引导学生讲种子的大小、颜色、形状等。	充分的认识为达成植物新生命开始于种子的结论打下基础，也为学生萌发探究种子的愿望做好了铺垫。
四、猜测种子里面有什么 引导猜测：我们观察的这些种子，它们的大小、形状、颜色、味道等等都不一样，但它们却都能生长出新的植物来，对于这一颗颗神秘的种子，产生什么问题了吗？ 引导表达：能把自己的猜想画出来吗？ 展示学生的猜想。	学生大胆提问。	这一段老师的引导很重要，有醍醐灌顶的作用。
提出如何验证自己的猜想，讲述：刚才，同学们认为，种子里有……是这样的吗？怎么才知道呢？ 小结：这些植物的种子，虽然外表各不相同，但内部都有生长幼小植物的结构。它们是不是能够长出新的植物呢？	学生在卡纸上绘画。 学生掰开种子，仔细观察。	
五、课外拓展 请同学们选择一样自己喜欢的植物，做好种植准备。想一想，在行动之前，我们该做好哪些准备？		

课例透析

课堂上教师主导作用决定着学生的如何学习。教师要学生在课堂上做哪些事？这些事儿该怎么做？如何利用学生的学习成果？体现着执教者的教学水平和教育的艺术。就本课而言，我的思路是清晰的。

学生是课堂的主体，学生的学习是课堂教学的目的。就本课而言，教者力求问题由学生们提出，方案由学生们自主决定。学生始终在围绕着自己的问题探究学习，把学习任务转换成学生的自我愿望的实现。教学中的所有设计都必须满足学生的学习，这是这节课的追求，也是所有课的追求。

利用科学记录单作为评价的工具和载体，进行多维度评价。两次记录将学生思维发展的轨迹保留，使本课科学概念的评价具有极强的可操作性，为科学概念评价、过程与方法的评价研究提供了可参考的依据 。

观察记录表(一)

种子外形特征(用文字或图画标示)　第(　　)组

	蚕豆	南瓜子	花生	黄豆	玉米
形状					
颜色					
大小					
其他					

经过观察，我们发现这些种子的形状、颜色、大小____________

观察记录表(二)

种子内部结构(用文字或图画标示)第____组

种子名称	种子内部结构	
	我们的猜测	我们的发现
蚕豆		
花生		
黄豆		

通过观察研究我们发现：种子内部是由____________构成的。

3-3　一天的食物

——中餐

课例展示

【背景分析】

教材分析

本课是《食物》单元的起始课，通过记录一天吃过的食物，指导学生学习收集、整理有用信息，有意识地去注意自己的一日三餐，以及三餐之外所吃的各种各样的东西，从而认识到我们一天要吃许多不同的食物。食物还可以分成不同的类别，进而诱发学生提出一系列围绕“食物”的问题。

教材由两个大活动组成，一是记录一天的食物；二是给食物分类。这两个活动之间存在着一定的逻辑关系，给食物分类的活动是建立在记录一天的食物这一活动的基础之上的。

学情分析：

关于食物，学生在三年级上学期已经研究过大米、米饭和淀粉了。那时学生主要关注的是大米、米饭和淀粉的特征观察，还没有涉及食物的作用和由食物引发的其他相关问题。虽说如此，学生也有了一定的经验基础了。更何况一日三餐是学生再熟悉不过的了。经过多轮次试教，发现要记录一天的食物，在课堂上花费时间太多，讨论、交流的时间难以落实，所以选用中餐为代表，问题相对比较集中，教学时间也好安排。

【教学目标】

知识目标：

1. 知道我们一天中单中餐这一顿也要吃很多种食物。

2. 知道食物还可以分成不同的类型。

过程与方法：

1. 能围绕中餐的食物，实践调查、记录、统计。

2. 会用自己的方法对食物进行分类。

情感态度与价值观：

愿意围绕食物进行调查、记录、统计，激发探究食物的兴趣。

教学重点：

发现中餐要吃很多东西。

教学难点：

对中餐食物进行调查、记录、统计和分类。

教学重难点的突破思考：

将教学和实际生活情景相联系，在实际的教学过程中，注意沿着学生思维发展的路径加以提示和引导。不能一开始就把食物分类的标准呈现给学生，而需要通过组织学生展开讨论，自己找到分类的标准，促进学生的思维更加多样、深入地发展。

教学准备：

多媒体课件、食物分类粘贴表、记录纸、水彩笔、夹子等。

【教学过程】

教师活动	学生活动	点评
一、聚焦话题，导入新课 1. 利用多媒体展示一组食物图片。 2. 提问：这些物品和我们的生活有什么关系呢？ 3. 明确食物概念。 ①当学生说出图片中展示的物品都是食物时，教师追问，为什么说它们都是食物？ ②出示一瓶矿泉水，它是食物吗？ ③出示一盒感冒药，问："同学们可吃过这个？也叫食物吗？为什么？" 讲述：食物的概念。	1. 识别常见的食物（学生跟着一个一个地说出来）。 2. 了解食物概念。 学生：这些都是我们经常吃的食物。 学生：因为它们都能吃。 学生：矿泉水也是食物，因为能吃（喝）。 学生：这个能吃，但它不是食物，它是药。	导入使用多媒体，方便快捷。 创设情境，激发认知冲突，更能凝聚学生的注意力，进而有效理解什么是食物。很好的突破了"食物"概念的认识这个难点。
二、讨论、记录，收集资料 谈话：还记得中餐吃了哪些食物？ 明确混合食物该怎么计算。 1. 追问：西红柿炒鸡蛋 算几种食物？ 2. 在学生意见不统一的情况下，提出看一段老师制作的视频（播放一小段辣椒炒肉丝的视频）。提问：制作这道菜，老师用到了哪些原材料？ 3. 教师讲述：那就依据组成的材料来计算。按食物的原料种类计算，记录中餐的食物名称，然后小组内进行统计，看小组内一共有多少种食物？	3. 收集关于食物的信息。 学生自由发言。 …… 学生：……还有西红柿炒鸡蛋。 学生：自由发表意见。 学生依据观察，回答。 学生：至少有六种材料。这里的每一种材料都是一种食物。	解决对混合食物的认识，是这一课的大难题。这是跟四年级的孩子讲不清楚的事。用制作的录像资料，再现混合食物的制作过程，把学生带入情境中观察，有利于学生更好的理解。

续表

教师活动	学生活动	点评
4.提出记录的要求。每张卡片记录一种食物,小组长负责统计一个小组的食物种类,重复的只记一种。 5 倾听学生关于中餐食物的统计情况。 三、确定标准,分类食物 1.谈话:能否改变一下汇报的方式,让别人能听得更明白? 2.讨论、确定分类方案。 3.分类:把食物卡片粘贴在食物分类粘贴表上。比较一下,哪些类食物是大多数同学的食物中都有的。 4.交流展示,分类结果。 ①提供事物投影,组织学生倾听交流和汇报。 ②随着学生的汇报,点拨归类汇报得失,并进行适当的评价。 ③组织学生集体展示分类成果。 四、总结交流,拓展问题 1.谈话:通过今天的学习,你们有哪些收获? 2.我们的中餐吃了那么多的食物,由此,大家可有什么想法呢?	学生分别在卡片上记录中餐的食物。 小组统计中餐的食物。 学生分组汇报交流中餐的食物。 4 按照标准给食物分类。 学生发表意见。 学生小组讨论分类的方案。小组内按自己的标准给中餐食物分类并粘贴。 每个小组选派学生到讲台前给大家展示介绍。 组织学生按照分类标准,把各自的粘贴表展示在黑板上。 5.总结学习。 学生自由发言。	一一罗列汇报就会让学生在听的过程中感到很繁琐,教者依此引导学生提出如何改变汇报方式的方法,学生就会积极跟进,愿意开动脑筋,思考解决的办法。

课例透析

课堂是学生的课堂,学生是课堂的主体,教师只是一个促进者、参与者、组织者。教师要把握好尺度,既不能越俎代庖,又不能放之任之。因此,教师能做的事情,就是设计一个情境,让学生轻松入境;引导学生讨论,把握好方向和深度,不要迷茫;组织学生交流,展示学习成果,激发兴趣。

首先开课入境,效果好。学生见到屏幕上的图片都感到亲切,注意力很快吸引了。

认知冲突情境佳:“能吃的不一定是食物。”关于食物的概念,讲给学生,他们不理解,但在这节课里不解决这个问题,整个单元都会学得糊里糊涂。就是成年人,你问他什么是“食物”?答不上来的人一定不在少数。这里,食物的核心是“营养”。

分解混合食物方法妙。一些教师为了帮助学生理解混合食物，把包子等带到课堂上，指导学生进行观察，指导分辨，还有讲解和介绍。这样不仅耗时多，问题还很难集中。我用还原法，让学生从混合食物的来源认识。问题集中，形式也新颖，学生注意力集中，认知效果好。

3-5 测量呼吸和心跳

课例展示

【背景分析】

《测量呼吸和心跳》是苏教版小学科学五年级上册第四单元《呼吸和血液循环》的第一课，可谓意义重大。本课围绕定量观察、整理、统计、分析等方法来展开教学，分别让学生测量安静状态下、运动结束时、休息三分钟后，这三种状态下每分钟的呼吸和心跳次数，从而让学生认识到呼吸和心跳与运动有密切关系，进而让学生更加关注自己的身体健康。

学情分析：

生活中大部分学生对这种常见的生理现象不够关注，只觉得自己在上完体育课或参加完某项运动后，呼吸会突然加速，心跳会突然加快等。呼吸和心跳与运动有什么关系？静止、运动后、休息三分钟后，这三种状态下每分钟的呼吸和心跳次数又是怎样变化的？这些问题学生可能未曾考虑过，通过本节课的研究就是让学生在实际操作中进行准确测量，认识到呼吸、心跳与运动之间的关系，从而提高学生观察、测量、整理、统计、分析数据的能力，为后面的研究做好铺垫。

【教学目标】

科学知识：

知道呼吸、心跳与运动有紧密关系，运动会影响我们的身体。

过程与方法：

1. 能准确测量三种状态下自己的呼吸和心跳次数。
2. 能运用学过的数学方法对搜集到的数据进行科学分析。
3. 能通过科学的分析对所研究的问题进行解释。

情感态度与价值观：

1. 认识到准确性是测量的前提，对于科学研究来说意义重大。

2. 认识运动与呼吸、心跳之间的关系，从而更加关注自己的身体健康。

教学重难点：

组织学生三次收集呼吸和心跳的数据。

教学准备：

计时表、音乐、记录表、简易听诊器。

【教学过程】

教师活动	学生活动	点评
一、谈话导入 1. 谈话：同学们都喜欢什么运动项目？做完运动后，感觉到身体有什么变化吗？ 讲述：是啊，运动过后，我们的身体会有各种各样的反应，今天这节课，老师就和大家一起来研究运动前后的呼吸和心跳。（板书：测量呼吸和心跳。）这项研究，我们如何开展呢？ 明确：研究分三个阶段，先测平静状态下的呼吸和心跳，做运动后再测量，最后等平静了再测。	学生应答与倾听（气喘吁吁、流汗、脸色变红、心跳加快、疲倦……） 学生应答与倾听。	通过引导学生回忆自己参加运动后身体的变化，谈论自己运动后感受，引出本节课需要研究的对象——呼吸和心跳。同时，告诉学生研究的方法有多种，今天是使用测量的方法去研究的，揭示课题。
二、认识呼吸、感知心跳 1. 询问：呼吸是什么意思？ ①理解呼吸。让学生做一次呼吸，区分正常呼吸和深呼吸。 ②试测三十秒钟的呼吸次数。注意测量偏差，纠正方法。（计时三十秒）追问一分钟的呼吸次数。 2. 怎么知道心脏在跳动？ ①感知心跳。呼吸我们知道了，那么心跳次数怎么去测量呢？ ②指导学生三种方法都尝试一下。 三、测量呼吸和心跳 1. 测量平静状态下的呼吸和心跳。 ①分组：为了方便开展测量，我们同座位为一个小组，自己数呼吸，互相测心跳。 ②记录分析呼吸和心跳的平均值。 2. 测量运动后的呼吸和心跳。	学生做一次呼吸体验。 学生做正常呼吸，自己数呼吸次数。 学生应答。（听心跳，听诊器，摸脉搏……） 学生跟着做测量。 学生活动（合作）测量三次，并及时做记录。	在进行实际测量前，对测量方法的指导是非常重要的。通过讨论、汇报、实践的形式选择出一种合适的测量方法，并提出测量的要求，公布测量时的注意事项。让所有的学生能够在做好充分的准备后开始测量。这样才能保证测量数据的真实可靠。

续表

教师活动	学生活动	点评
①播放三分钟的音乐，让学生运动起来。(提醒：若感到不适应，应立刻停下来) ②音乐停止，开始测量。计时三十秒。 ③记录测量的数据。	学生选择自己喜欢的运动做三分钟运动。 按照要求测量并记录。	学生掌握了测量的方法，明确了测量的要求，给学生大量的实践时间，让学生在实践中体验探究的乐趣。
3. 测量平静后的呼吸和心跳。 间隔两分钟，再测量。计时三十秒。 四人小组，计算组内的平均值。	学生按组参与汇报、交流。	
四、分析数据，制作统计图 组织学生汇报测量的数据，并作分析。 1. 按照运动前、运动后、休息后的顺序，汇报测量的呼吸和心跳次数。 2. 谈话，如何用更直观的办法，把我们测量的数值表现出来，我们可以借用数学统计表。将你三次测得的数据绘制成柱状图。 3. 阅读自己绘制的柱状图，你有什么发现？	学生采用涂色的方法，在给定的柱状图空图上涂上颜色即可。 运动后，人的呼吸次数会增加，心跳次数也增加，休息三分钟后，呼吸和心跳次数趋于平静。	汇总小组内的测量数值很重要。这为下一个环节的分析比较做好了铺垫。
4. 依据各个小组的测量数值，教师利用多媒体，快速制作柱状图，展示给学生。 5. 把自己的测量数值和全部的平均值比较，有什么发现？ 6. 讲解：平均值其实是全班同学测量得到的平均值，它代表了像我们小朋友这么大的一类群的人，在经过运动以后，呼吸和心跳次数变化的情况。 五、总结 1. 谈话：通过今天的学习，我们有什么收获？ 2. 出示正常的呼吸与心跳频率。 3. 询问：还有哪些感兴趣的问题想进一步探究？	参与应答互动。 学生参与应答互动。	在整理数据的基础上，组织学生对收集到的三组数据进行分析，从而对看到的现象作出解释，即引导他们发现呼吸与心跳的次数与运动是有关系的。这是本次科学探究的根本目的。

板书

测量呼吸与心跳

平静时的呼吸、心跳次数：

运动后的呼吸、心跳次数：

休息后的呼吸、心跳次数：

呼吸和心跳记录表

平静状态下				运动 3 分钟结束时		休息 3 分钟以后	
呼吸		心跳		呼吸	心跳	呼吸	心跳
1		1					
2		2					
3		3					
平均		平均					

测量呼吸心跳柱状统计图——呼吸

测量呼吸心跳柱状统计图——心跳

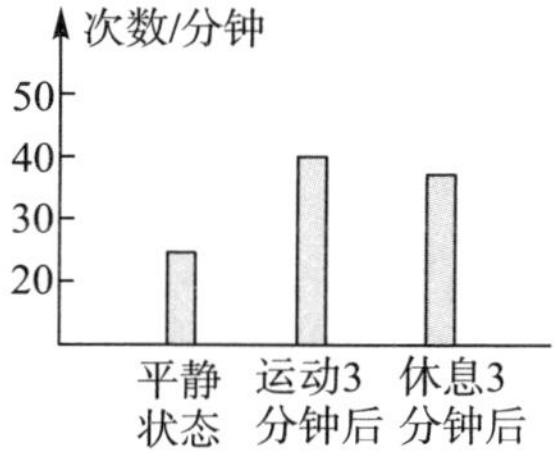

呼吸柱状图

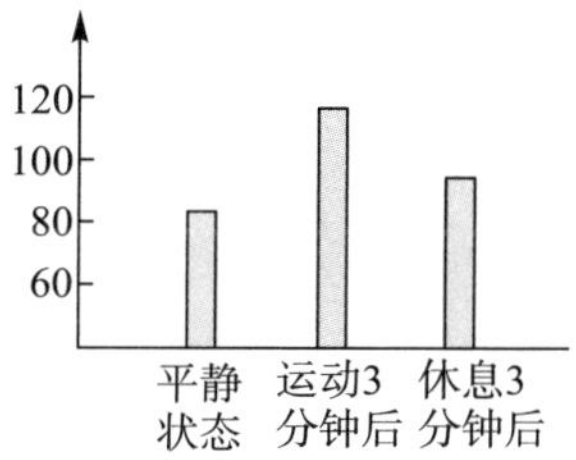

呼吸柱状图

课例透析

《测量呼吸和心跳》是五年级科学第一学期第四单元第一课。重点是通过对数据的分析，发现运动对呼吸和心跳的影响。难点是采集比较准确的数据。通过本节的教学，我感触很多，现谈谈想法，进行反思。

导课时，我提出问题：“运动时，身体会发生哪些变化？”学生说出了很多身体的变化，紧接着问：“人在运动时，呼吸和心跳究竟会发生怎样的变化呢？它们变化的规律又是怎样呢？”让学生提出自己的假设，然后引导学生思考：我们该如何进行研究的问题。教师先让学生说自己的想法，然后再给予补充和完善。

在本节课中，准确地采集数据是一个教学难点。于是，我把学生分成两人一组，自己给自己测量呼吸的次数，由同桌测量心跳的次数。这样，就很好地解决了难题。呼吸次数的测量是最容易出现较大误差的，我采用区分平常呼吸和深呼吸的办法来解决的，然后又进行了测试练习，这样就把技术问题解决了。而计时这个工作，则由教师来完成。这样，可以避免学生分散注意力。从测量的结果来看，大部分学生采集的数据接近实际情况。

由于学生采集的数据比较科学、准确，所以，接下来在对三组数据的分析中，学生很快就发现了呼吸和心跳变化的规律。学生能尝试着运用各种图形来表示他们发现的运动对呼吸和心跳的影响，虽然不是很规范，但学生已经知道运用统计图形来进行表达了。

应该说，本节课因为很好的突破了难点，所以学生在对数据的分析上就显得非常轻松；很好的突出了重点，从而也培养了学生良好的科学思维。

3-6 食物链

——中美课堂教学研究论坛

课例展示

【背景分析】

2015 年 12 月 12 日，安徽省合肥市包河区举办了一场“中美课堂教学同课异构研究”活动。此前，举办方交给我们的研讨主题就一句话，“食物链的运行方式”。

为了这节展示课，我们成立了研究小组，确定目标、选择内容、设计方案。然后又反复磨课、研讨。最后的展示课得到了各方面的认可。

学情分析：

六年级的学生对环境越来越熟悉，并对环境方面的科学研究也越来越感兴趣。他们在进一步观察中，有可能在活动的基础上进行科学推理，进一步体验生物与环境之间的关系，但是对于生物间这种相互依存、相互作用和相互制约的认识不深。特别是一种植物或动物就是另一种植物或动物生存所依赖的条件这种感受较浅。他们较难联想到其实人类也属于大自然中的一员，也在食物链中。我们赖以生存的食物也要从自然界中获取，食物链中任一环节出现问题，最终都会影响到人类自己。

【教学目标】

1. 科学认识、理解并表述食物链。

2. 通过分析讨论，发现事物之间的相互联系和相互影响。

3. 培养自主阅读和活动实践能力。

4. 增强环保意识。

课前准备：

1. 探究盒（卡片、记录单、笔、磁吸等）

2. 课件

【教学过程】

课前交流：

师：我是王老师，第一次跟同学们见面，我们一起来上一堂科学课。上课之前，放轻松，不要紧张，我们先来聊一聊，你中午吃了什么食物？生：面条，

生：鸭血粉丝、馄饨。

生：米饭、肉沫茄子、白菜……

师：同学们的午餐听起来非常的丰盛啊！

一、谈话导入：谁是我的菜

师：我是不是可以这样说，白菜是我的菜，胡萝卜是我的菜（课件播放）。

生（接下去）：鸡蛋是我的菜，西蓝花是我的菜，豆芽是我的菜……

二、认识食物链

师：刚才说了很多。老师呢，给每个小组准备了一些生物的小头饰，拿到后请同学们戴在头上，和小组同学说说，这些生物谁是谁的菜？探究的盒子在每组桌边，请组长拿取 ，现在开始！

（生：开始扮演交流，师巡视。）

师：差不多了，咱们开始了哦。

生：好的。

师：哪个组先来试一试？

生：我是田鼠，他是麦子，麦子是我的菜；我是鹰，他是田鼠，田鼠是我的菜。

师：像这组一样，我们也来分享一下我们的发现。请这组来说一说。

生：我是蔷薇，我是蚜虫的菜；我是蚜虫，我是瓢虫的菜；我是瓢虫，我是小鸟的菜。

生：我是水草，我是鱼的菜；我是鹭鸶，鱼是我的菜。

师：有没有哪一组能更生动的表演出来？

生：我是鸟，他是我的菜(蚯蚓)；我是蚯蚓，枯叶是我的菜。

生：我是老鹰，这是我的菜(抓住扮演兔子的同学)；我是兔子，这是我的菜(抓住扮演小草的同学)

师：刚才老师听到有个小组说到了三种生物，分别是草、兔、鹰(板书)请大家一起说一说这三种生物的关系。

生：草是兔子的菜；兔子是鹰的菜。

师：那我们可不可以这样说，草被兔子吃，兔子又被老鹰吃。我们能不能按这种方式再在组内说一说呢。

(生：交流，师巡视。)

师：谁来先说一说？

生：(扮演)，我是水草，我被鱼吃；我是鱼，我被鸬鹚吃。

生：我是小草，我被兔子吃；我是兔子，我被鹰吃；

师：鹰很冷静哦。

生：我是稻子，我被田鼠吃；我是田鼠，我被老鹰吃。

生：我是水稻，我被虫子吃；我是虫子，我被青蛙吃；我是青蛙，我被蛇吃。

师：我们刚才几个组都说了，也都说明白了。你们现在能不能把生物间这种食物关系记录下来。我这里给你们准备了一些材料在盒子中，请大家利用这些材料写一写。

(生：交流合作，师巡视。)

(每组陆续将写法展示在黑板上，师生同观察。)

师：我发现各组都用到了一个符号“→”

生：箭头。

师：对！同学能给我们大家解释下箭头代表的意思。

生：箭头代表谁吃谁；代表一个东西对另一个东西发生关系。

师：我们刚才用了“谁被谁吃”这种方式表达，那这个箭头能否看成是谁被谁吃呢。我请同学将箭头代入，说一说这组的食物关系。

生：草被兔子吃，兔子被鹰吃。

师：既然箭头已经代表了“谁被谁吃”，还有没有必要在箭头上写这么多文字？

生:麻烦,不需要了。

师:一般来说,箭头是从左往右的(→)。现在大家再看看,有没有需要修改的?

(生:利用老师准备的材料进行修改完善。)

师:同学们,你们刚才进行了修改,我们再来说一说。大家从第一组开始依次按照修改后的“→”代表“谁被谁吃”进行描述。

师:现在生物间的食物关系很清楚了,我们来看看黑板上刚才写的:草、兔 鹰,你们帮老师也用这种方法来表达。

生:草被兔子吃,兔子被鹰吃。

(板书:草→兔→鹰)

师:自然界中,生物之间,这种像链状的食物关系,就叫做“食物链”。

师:请一小组再次展示组内生物的食物关系:草被兔子吃,兔子被鹰吃。

师:等一等,小草,刚才说,你被谁吃?

生(扮演小草)我 :被兔吃。

师:那谁又被你吃呢?

(生:思考。)

师:其他组有没有跟小草有相同情况的,请你们跟“小草”伙伴站在一起。

(生:上台展示。)

师:谁来帮帮它们,它们吃什么?

生:阳光,养分,水。

师:总之,像小草这样,水稻这样,它们都是依靠阳光、空气、水分等,自己能制造食物的,在食物链中,我们将他们称为“生产者”。

师:那小鱼、蚯蚓等,像你们,在食物链中,要以别的生物为食的,咱们称为“消费者”。

师:请这些“生产者”回到你们的食物链中,找找在你们的食物链中,谁是“生产者”,谁是“消费者”?

(生:组内交流。)

师:请生指出黑板上展示的本组食物链中,谁是“生产者”谁是“消费者”。

生:(边指边说),枯叶是“生产者”,蚯蚓和鸟是“消费者”。

生:我们这组有水稻、虫子、青蛙和蛇。水稻是“生产者”,其他都是“消费者”。

师：你们认为这组的“生产者是”？（随机指出一组）

生：蔷薇

师：“消费者”是？

生：蚜虫、瓢虫、鸟。

师：这组的“生产者”呢？

生：草。

师：“消费者”？

生：兔子和鹰。

（师：指一组食物链。）

生：麦子是“生产者”，田鼠和鹰是“消费者”。

师：我们来看一看，写了这么多条食物链，对比一下，你们觉得这些食物链有什么相同的特点？

（生：思考片刻。）

师：谁来先说说你们的发现？

生：每一组都有“生产者”和“消费者”。

生：它们一环扣着一环，并且“生产者”都是植物。

生：只要有“生产者”，就会有“消费者”。

生：“生产者”往往比“消费者”要少一些。

生：没有“生产者”就没有“消费者”。

生：一般“消费者”都是动物。

生：它们相生相克。

……

师：我们观察、对比这些食物链，就会发现食物链基本是从“生产者”开始，“消费者”都需要直接或者间接的消费这些“生产者”的营养。今天的课堂，不光有你们，我还来了一些小动物。（播放课件）

生：蝉、螳螂。

师：我们中国有句成语跟它们有关……

生：螳螂捕蝉黄雀在后。

师：你们能不能用今天所学的食物链知识说一说它们之间的关系呀？

生：蝉被螳螂吃，螳螂被黄雀吃。

师：你们说，我来帮你们展示出来。“谁被谁吃”我怎么表示呀？

生：箭头

师：蝉吃什么？

生：蝉从树中吸取养分。

师：蝉也是需要食物的。

生：它需要“生产者”。

师：同学们刚刚描述的这句话中缺了“生产者”，一条完整的食物链是不能缺少“生产者”的。

三、认识食物链的运行方式

师：我还想请一组同学上来展示一下你们组的生物间的食物关系。你们能不能用手拉手的方式将食物关系表现出来呢？

（生：手拉手站好。）

生：我是枯叶，我被蚯蚓吃；我是蚯蚓，我被小鸟吃。

师：现在由于某种原因，蚯蚓消亡了，你们觉得会发生什么？

（师拉走此食物链中扮演蚯蚓的同学）

生：鸟会因为没有食物而灭绝，枯叶会与日俱增。

生：这样的话，枯叶会越来越多，鸟会因为没有吃的而逐渐减少。

师：各组都有你们的食物链，请你们假设一下如果你们食物链中的一种生物由于某种原因灭绝了，会发生什么？

（生：组内讨论。）

师：想不想把刚才小组交流的发现说给大伙听听呢？请同学来说一说。

生：假如虫子消失了，青蛙没吃的会饿死，青蛙死了，蛇也没有吃的，也会死去，食物链中失去任何一种生物都是不可以的。

生：如果草灭绝了，兔子会由于得不到食物而死亡，鹰也因为兔子死亡得不到食物，最终灭绝。

生：如果兔子没了，草就会疯长，鹰也会没食物而灭绝。

生：如果鹰灭绝了，兔子就会增多，最后把草吃完，最后兔子也会灭亡。

师：同学们说的都很好。在食物链中，如果任意一环的生物发生问题，就会直接或者间接地影响到其他生物，所以每一种生物都非常重要，我们要保护生物，保护自然。

四、拓展活动

师：老师这里，有个大苹果，它来自这个漂亮的苹果园。咱们现在挑战一下，用学到的知识，解决一些问题。（课件展示）首先，你们认为这个漂亮的苹果园里，会生活哪些小居民？

生：会有枯叶，有枯叶就会有蚯蚓，自然会有鸟。

生：有树，所以树上会有虫，有虫就会出现鸟或者青蛙，自然有蛇或者鹰。

生：苹果园里会长些花，可能是蔷薇，有蔷薇就会有蚜虫，有蚜虫就会有瓢虫，有瓢虫就会有鸟。

师：你真聪明，推理得挺妙。

师：我们说了这么多的小生物会居住在这里，你们觉得它们之间有怎样的食物关系，能不能试着说出几条食物链出来？

生：如果果园里有枯叶的话，那么就会有蚯蚓，蚯蚓就会吃枯叶，有了蚯蚓就会有小鸟，小鸟就会吃蚯蚓。

生：如果有落叶，就会出现虫子，如果出现虫子，就会出现青蛙或者小鸟。

师：能不能把它们的食物链关系清晰地说一说。

生：落叶被虫子吃，虫子被鸟吃。

……

师：关于苹果园的研究内容非常丰富，而且苹果园里远远不止有你们说的那些“小居民”，所以课下大家可以继续一起探究。

师：今天老师很高兴和大家度过了一段轻松愉快的科学探究过程。我们今天课就上到这里。下课！

生：老师再见！

课例透析

(1)课堂中的小组合作交流之前，可以给出一些时间让学生独立思考，然后再进行交流。这样既有个体思考，又有团队协作。

(2)虽然本课范围不涉及“分解者”，小学科学课标中也不涉及，但可以在教学过程中将“分解者”简单说明，从而让学生有“食物链中能量也在循环”这样的认识。

(3)后期的课堂节奏可以更紧凑些，语言也需再凝练一些。

（案例提供者　合肥师范附小　校王欣）

第4部分

小学科学地球和宇宙领域课堂学习与课例研究

4

1　小学科学地球与宇宙领域课堂学习标准

1-1　小学科学第一学段地球与宇宙领域学习标准

学习标准

1-1-1　第一学段水平Ⅰ

▶科学知识

(1)知道一天中,阳光下物体影子运动的规律。

(2)能够列举几种天气现象。

(3)知道地球是人类的唯一家园。

▶科学探究

(1)能在教师指导下,对观察影子、天气等感兴趣。

(2)愿意在教师的指导下,对影子、天气等问题做出猜测。

(3)在教师的指导下,参与制定探究计划。

(4)在教师的指导下,愿意记录、整理探究信息。

(5)在教师的指导下,尝试利用分析、比较与分类等方法,得出探究结论。

(6)在教师指导下,愿意如实讲述探究经过和结论,愿意参加交流和讨论。

(7)在教师指导下,愿意将探究中学习到的知识与方法加以应用,有解决实际问题的意识。

(8)按照老师的要求,反思探究过程和结果。

▶科学态度

(1)在教师指导下,愿意参加对影子、天气等现象的探究活动。

(2)具有用事实说话的意识。

(3)在教师指导下,愿意尝试多角度、多方式认识事物。

(4)在教师指导下,愿意和同伴合作、交流。

1-1-2　第一学段水平Ⅱ

▶科学知识

(1)能够推测阳光下物体影子运动的规律。

(2)能够描述天气对生物、人类生活的影响。

(3)能够从衣食住行等多个方面,列举地球为人类提供的各种资源。

▶科学探究

(1)能在教师指导下从被观察的影子、天气等对象中,发现感兴趣的问题。

(2)能够依据经验,对问题提出猜测。

(3)知道探究需要制定计划。

(4)学习使用图形、文字等记录和整理探究信息。

(5)在教师的指导下,能够利用分析、比较与分类等方法,得出探究结论。

(6)在教师指导下,积极参加交流和讨论,如实讲述探究经过和结论。

(7)能够积极反思探究过程,并产生愿意改进探究方法的意识。

(8)在教师指导下,积极地将探究中学习到的知识与方法加以应用,有解决实际问题。

▶科学态度

(1)在教师的指导下,对探究影子 、天气等现象产生兴趣。

(2)能够尊重事实。

(3)在教师指导下,积极尝试多角度、多方式认识事物。

(4)在教师指导下,积极和同伴合作、交流。

学习标准解读

本学段是科学学习的起始阶段,要求不能过高。强调按照老师的指导去完成探究学习,经历认知过程。水平Ⅰ是学生学习科学课程的基本要求,也是教师实施科学教育、教学的基本目标。水平Ⅱ强调的是科学学习的主动、自觉和兴趣,是较高水平的要求。

该学段使用到的行为动词在科学知识领域主要有:“观察”“描述”和“认识”。在科学探究方面,均使用“在教师指导下”能够如何实践。在科学态度方面,主要是“讲述”“尝试”和“体会”。在科学、技术、社会与环境方面,主要是“了解”。

1-2 小学科学第二学段地球与宇宙领域学习标准

学习标准

1-2-1 第二学段水平Ⅰ

▶科学知识

(1)知道地球、月球、太阳的一般知识。

(2)知道“气温”“气候”等科学概念;知道陆地表面的地形;了解土壤的组成;了解地球由表及里的三个圈层;识别常见的岩石。

(3)知道人类离不开能源;知道水、土壤、矿产都是资源;太阳也是可以利用的能源。

▶科学探究

(1)提出问题:在教师的指导下,能勇敢提出对现象、问题的假设。

(2)制定计划:在教师的引导下,参与探究计划的制定。

(3)收集证据:在教师的引导下,能够运用感官和选择恰当的工具、仪器,观察事物的外部特征及现象,并进行描述。

(4)处理信息:在教师的引导下,能用合适的科学词汇、图示符号、统计图标等方式记录、整理信息,陈述证据和结果。

(5)得出结论:在教师的引导下,能够参与小组讨论,共商探究结论。

(5)表达交流:在教师的引导下,参与组内交流和组际交流,陈述自己的探究过程和结论。

(7)迁移应用:在教师的引导下,能应用所学,解决简单的实际问题。

(8)反思评价:能够较为合理地评价自己的探究方法、过程和结果。

▶科学态度

(1)探究兴趣:在科学课堂上,愿意参加到对事物、现象的观察、探究活动中。

(2)实事求是:能够相信科学探究中的事实。

(3)追求创新:愿意接受教师指导,使用多种材料、多样方法、多种思路完成探究活动。

(4)合作、分享:在课内外,愿意和同伴合作,承担探究任务;能够接纳他人观点,完善自己的探究活动。

(5)人与自然和谐相处:对人类改造和利用自然有体会,并产生保护自然的意识。

1-2-2　第二学段水平Ⅱ

▶科学知识

(1)简单解释月相的变化。

(2)解释大气是地球上生命的必需条件;例举不同类型的土壤和植物的关系;举例说出三类岩石的构成。

(3)例举淡水、土壤、矿物、风等资源的开发利用。

▶科学探究

(1)提出问题:在教师的引导下,能积极主动地从月相、大气、矿物与土壤等具体事物的观察、比较中,提出可探究的科学问题。

（2）制定计划：在教师的引导下，能够基于自己的知识、经验，提出对现象、问题的假设。

（3）收集证据：在教师的引导下，能够基于所学，制定简单的探究计划。

（4）处理信息：在教师的引导下，能够运用感官和选择恰当的工具、仪器，观察事物的外部特征及现象，并进行描述。

（5）得出结论：在教师的引导下，能用合适的学科词汇、图示符号、统计图标等方式记录、整理信息，陈述证据和结果。

（6）反思评价：在教师的引导下，能够参与小组讨论，共商探究结论。参与组内交流和组际交流，陈述自己的探究过程和结论。倾听他人意见，完善自己的认识。

（7）迁移应用：在教师的引导下，主动应用所学，解决实际问题。

（8）表达交流：在学习他人经验的基础上，反思自己的方法、过程和结果，并作合理的调整。

▶科学态度

（1）探究兴趣：能在好奇心的驱使下，表现出对月相、大气、矿物与土壤等事物、现象的观察、探究有兴趣，并能从中体验到快乐。

（2）实事求是：能够相信科学探究中的事实。

（3）追求创新：乐于运用多种材料、多样方法、多种思路完成探究活动，并能从中体会到创新的乐趣。

（4）合作、分享：能够主动与同伴合作，积极承担探究任务；探究中能够主动接纳同伴的观点，改进和完善自己的探究活动。

（5）人与自然和谐相处：对人类开发利用水、土、矿物等行为和结果有一定体会；并能够主动将环保意识落实到具体的行动中。

学习标准解读

在第二学段里，涉及地球与宇宙科学领域 3 个大概念里的 9 个知识点。

经过两年的学习，学生慢慢地接受着科学学习的方式、方法；逐步适应观察探究的过程；并已经意识到观察、探究需要记录；明白观察、探究的过程、结果需要和同伴交流、共享；开始关注生活中的科学问题。因此，在学习标准中也提出了一些相应的要求。

在科学知识领域，由第一学段的识别地球与宇宙领域的科学知识，发展到能够知道、描述一些地球与宇宙领域的科学概念，再到开始尝试用学到的科学知识解释一些地球与宇宙领域的科学现象。

在科学探究方面，开始尝试对问题进行假设，并涉及在教师指导下设计探究计划。合作学习加强，交流汇报也需要完整表达。

在科学态度方面，证据意识也有加强。

该学段使用到的行为动词在地球与宇宙领域科学知识主要有："描述""了解""认识"和"知道"。在科学探究方面主要是强调"在教师引导下"完成探究实践活动。在科学态度方面主要是"体验"和"意识"。在科学、技术、社会与环境方面主要是"了解"和"意识"。

1-3　小学科学第三学段地球与宇宙领域学习标准

学习标准

1-3-1　第三学段水平Ⅰ

▶科学知识

(1)知道昼夜、四季的成因；初步了解太阳系和银河系；识别几个重要的星座。

(2)知道地球被一层适宜生物生存的大气圈包围着。知道由于水和空气的变化，产生了各种天气现象，塑造着各种地形地貌；知道地壳运动也在改变着地形地貌。

(3)说出人类的常用资源；了解一些自然灾害对人类的影响和人类的防范常识。

▶科学探究

(1)提出问题：在教师的引导下，能在地球与宇宙领域提出适合自己探究的科学问题。

(2)作出假设:在教师的引导下,就自己提出的科学探究问题,做出假设,并尝试说明假设的依据。

(3)制定计划:在教师的引导下,参与制定探究计划。

(4)收集证据:能够在教师的指导下,通过观察、实验等方法,完成事物信息的收集。

(5)处理信息:在教师的指导下,能够使用科学语言、概念图、统计表等方式记录整理信息。

(6)得出结论:在教师的指导下,运用分析、比较、推理、概括等方法得出科学探究的结论。

(7)表达交流:在教师的指导下,学习使用科学探究报告、科学小论文等形式呈现探究的过程和结果。

(8)迁移应用:在教师的指导下,运用所学知识解释简单的地球与宇宙领域问题。

(9)反思评价:在教师的指导下,完成探究活动的反思和评价。

▶科学态度

(1)探究兴趣:能够在教师的引导下,参与地球与宇宙领域探究方案的制定和实施。

(2)实事求是:能够尊重事实。

(3)追求创新:在教师的引导下,能够从不同的角度提出探究问题的思路。

(4)合作、分享:能够参与小组讨论,愿意把自己的观点表达出来。

1-3-2　第三学段水平Ⅱ

▶科学知识

(1)能够解释昼夜交替和四季循环;能够利用星座识别方向和季节。

(2)解释地形地貌的变化。

(3)能够解释三大能源与太阳的关系;列举一些人类改变环境的举措,提出一些开发新能源及保护环境的建议。

▶科学探究

(1)提出问题:能基于小学阶段所学习的知识,从地球与宇宙领域事物的变化以及相互关系等角度提出适合自己探究的科学问题。

(2)作出假设:能够就自己提出的科学探究问题,提出有针对性的假设,并能说明假设的依据。

(3)制定计划:具有初步的设计实验的能力,能够完成设计模拟实验方案。

(4)收集证据:初步掌握观察、实验、查阅资料等获取事物信息的方法;掌握顺序观察、对比观察和分步观察的方法。

(5)处理信息:初步具备使用科学语言、概念图、统计表等方式记录整理信息的能力。

(6)得出结论:能够分清现象、结果和结论;运用分析、比较、推理、概括等方法得出科学探究的结论。

(7)表达交流:能够采用科学探究报告、科学小论文等形式呈现探究的过程和结果,并具备基于证据质疑和评价他人探究报告的能力。

(8)迁移应用:基于所学知识,能够解释或解决一些地球与宇宙领域问题。

(9)反思评价:能够在探究活动结束后,进行反思和调整,及时完成探究报告。

▶科学态度

(1)探究兴趣:对探究自然现象感兴趣,表现出对研究地球与宇宙领域各种变化以及相互关系有兴趣。

(2)实事求是:在尊重事实的前提下,能够冷静地分析证据,并依据证据做出判断。

(3)追求创新:能够大胆质疑,具有创新的意识,积极参加创新实践活动。

(4)合作、分享:在讨论与交流中,能够表达自己的观点,并善于倾听和采纳他人的意见。

(5)人与自然和谐相处:能够自觉实践爱护自然、节约资源的行动。

学习标准解读

在这个学段里，需要教师帮助学生认识地球与宇宙领域3主要概念里的10个知识点。

在这个学段里，学生在各个方面的能力都有所增强。因此，学科特性也明显增强，对知识的认识上，由中低年级的独立观察，发展到联系性、综合性研究。在科学探究上，体现学生的自主，具体体现在目标行为动词的选择上。在科学知识方面，强调“了解”“认识”“知道”和“解释”。在科学探究方面，强调“基于……能……”。在科学态度方面，强调“创新”。在科学、技术、社会与环境方面，强调“实践参与”。

2 小学科学地球与宇宙领域学习关键问题及指导

2-1 用好“模拟”提高效率

问题呈现

模拟实验是科学实验的一种基本类型，是培养学生科学探究素养的重要方法。因此，如何引导学生做好模拟实验，直接关系到学生科学学习的质量，直接影响科学课堂教学的效率该实验类型涉及小学科学的所有认知领域。开展好模拟实验是科学教育教学、科研的一个重要内容。

学习指导策略

▶模拟实验的概念

模拟实验是根据研究对象的本质特性，建立或选择一种与研究对象相似的模型，用间接的方法在模型上进行实验研究，再将研究的结果推广到对象客体中去，从而达到解释、认识对象的目的。

▶**模拟实验的类型**

在小学科学课程中常见的“模拟实验”有三类。模拟运动，观察现象：模拟昼夜、四季、月相的变化等。模拟结果，寻求成因：模拟火山、地震、岩石风化、地表变化，模拟风、雨、露的形成等。模拟现象，探求原理：模拟呼吸运动、血液循环、潜艇沉浮等。

▶**模拟指导策略**

(1)要确保模型与原型具有概念意义上的相似性。只有遵循了模拟实验的相似性原理，学生才能通过对模型的认识与研究，获得关于原型的知识及其在自然界中的运动变化规律。

(2)模拟实验指导的一般过程：

第一，掌握原理。理解是模拟实验的基础，因为只有了解客观事物的现象、认识到研究对象的本质、准确的描述原型，才能构建对应的模型，进行模拟实验。例如：在做模拟昼夜、四季变化等模拟实验之前，学生应该知道一天有昼夜变化、一年有四季变化这种自然现象；掌握有关昼夜、四季成因的知识，即昼夜和四季的成因是地球自转和公转的结果；知道地球自转和公转的方向和形式以及与太阳、月球的位置关系等。因此，教师在教学中应运用多种教学方法、通过多种手段帮助学生观察相关自然现象、理解知识、认识原理或成因，以便较准确地反映客观事实，增强模拟实验的实效性。

第二，建构模型 。模型是对研究对象(原型)的简单化模拟。其价值在于能够解释原型的本质或其运动机理。

建构思维模型：即设计实验。通过对研究对象(原型)的认识、理解，构思、设计一个可以解释对象的模拟实验，详细写出实验内容、实验目的、实验原理、实验步骤、实验记录单和预期效果，画出实验装置草图等。这里渗透着“猜想—假设—验证”的思维过程，教师要帮助学生挖掘相关素材、引导学生有目的设计周密的研究计划。

构建物理模型：选择恰当的仪器、材料、工具等组装模拟装置(模型)。要让学生知道模型中每种材料“相当于”原型中的哪个要素，要明确实验材料与客观对象的一一对应关系，即要分清楚“用什么模拟什么”“怎样模拟”，这是做好模拟实验的关键。

第三，模拟实验。按照实验步骤，应用模型，按照研究对象的运行规律、形成机理等，进行推测性的模仿，演绎其变化过程。例如：用手电筒和地球仪模拟昼夜的成因，实验中要认真细致，要注意保持“太阳”和“地球”相对位置的稳定性，尽量接近原型、缩短误差。

第四，观察记录。观察实验现象与原型中的现象是否一致或相似，理解实验现象的本质。在仔细观察的同时，通过测量、画图、拍照等方式认真记录实验现象。

第五，形成认识。通过模拟实验收集资料，把观察记录的资料进行归纳推理，得出结论，验证原型中的现象、原理、成因等机理的本质，最终形成正确的认识。

第六，模拟的还原。所谓还原，就是要让学生最终从模拟的情境中走出来，回到真实的现实中来，认识到刚才的实验只是一个简单的模仿，手电筒、地球仪、小足球等还是它自己，与真实的、客观存在的太阳、地球、月球的实际其情况是不同的，模拟的运行轨迹和方式与真实的客观事实也是不完全相同的、甚至有很大差异。例如：模拟四季的成因实验，我们往往描述的是地球近日点、远日点某一时刻的位置，以表示不同季节。但是我们要让学生知道：事实上所有的星体、万事万物时时刻刻都在永不停息的运动着，我们定格在某一时刻、某一位置的“点”上的实验只是简单化的模仿、是一个“理想化”的状态。要让学生用客观眼光看待事物，知道模拟实验并非是客观实际的真实反映，从而培养学生严谨求实的科学态度。

2-2　使用“学习设计”提高教学效率

问题呈现

教案设计重在课前的备课，侧重于教的一方。虽然说：备课是为了上好课，但我们教师的责任并不在于仅仅是上好课，而在于实现每一个学生的学习权，最大限度地提升每一个学生的学习效果。由此，学习设计就引起了大家的广泛关注。

学习指导策略

(1)学习设计是基于建构主义理论而产生的，本质是教学过程中注重学习者的经验及其主体性，强调学习者对知识意义的建构，仍然是一种教学设计。

关于学习设计的意义，主要有三点：

第一，学习设计是“为学习”的设计——为学习而设计教学；

第二，学习设计是“对学习”的设计——对学习的设计主要包括两个方面：就“教”来说，是从学习者的需求分析入手，确定学习目标，并对学什么、怎么学和判断学的怎么样等作出策划；就“学”来说，是对学生学习的任务、要求、项目、顺序、方法等进行安排；

第三，学习设计是“促学习”的设计——促进学习者身心的一系列转换的设计。

从实践层面上讲，我国目前广为盛行的学案，已经为学习设计提供了丰富的经验。(学案在中学的各个学科中都有广泛的运用，在小学里，也有一些学科在尝试使用)。

(2)学案撰写的体例：

一般包含课题、学习目标、学习重难点、学法指导、学习过程、达标反馈等。

在撰写时，只要我们能够从“教”的角色，转换成“学”的角色，写“学案”就不难了。如《我们关心天气》一课，如果要把它变成一篇学生使用的学案，可以是个怎么样的呢？

《我们关心天气》学案

学习目标：

①通过学习知道可以从云量、降水量、气温、风向和风速等方面来描述天气。

②知道阴、晴、雨、雪等常见的一些天气现象和天气符号。

③在老师的指导下能对各种天气现象进行分类。

④学习运用感官观察天气，并学会用简单的词句把它记录下来。

⑤知道天气每天都在发生着变化并影响着我们的生活，我们需要关心天气。

学习重点：

认识一些常见的天气现象及天气符号；

学法指导：

①在老师的指导下，通过观察一张“城市天气预报图”来明确一些常见的天气现象及符号。通过群学（交流）全面认识天气现象。

②借助天气符号，组内讨论尝试着给这些天气现象进行分类。

③（室外）观察、描述今天的天气现象。

④在老师的指导下讨论今天的天气对我们的生活有什么影响，从而明白天气会影响着我们的生活。

学习过程：

①观察“城市天气预报图”，了解一些常见的天气现象和记录天气现象的符号。

晴天、阴天、雨天（小雨、中雨、大雨等）、气温等。

②通过交流，了解更多的天气现象。

雷电、雪天、雾、风及一些特殊天气现象。

③围绕阴晴、雨、风、气温等方面观察当天的天气状况，并进行记录。

④根据同学们的讨论完成气泡图的填写。

⑤达标与反馈：设计一份天气观察记录表。

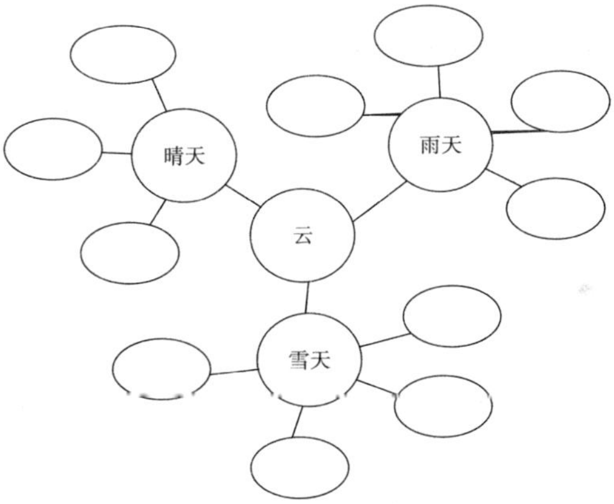

天上的云			气温	风	
晴天	阴天	雨天		大小	吹来的方向

教案是教师教学的依据，学案是学生学习的文本。随着新课程改革的进行，我们要把握好课堂的转型，才能适应形势发展的需要。

①课堂由“讲堂”转变成“学堂”，即由教师讲授转变成学生建构、对话交流、合作共进。

②学生由“受动”转变成“能动”，即投身活动，参与互动，积极主动。

因而，教师的“备课”就要做好两手准备，教案和学案。从教案准备转向学案准备。所以学案的设计要满足三个要求：贴近学生的需要、彰显学习的思路、构筑学会学习的台阶。

个人主张：

①可以实践、探索学案的使用方式、方法，积累经验。

②教案和学案相结合。在教案中体现“学”的主体、过程、方式、方法与结果。

在一些优秀的教学设计中，已经能够看到学生的学习过程。在我们的一些公开课上，特别是学生的探究设计与报告，都已经彰显出了学案的本质特征，只是我们还没有单独提出来，形成我们自己的学案体系。

3 小学科学地球与宇宙领域学习课例研究

3-1 用充分的准备 创设真实的情景

——《减少丢弃及重新使用》课堂实录

课例展示

【背景分析】

"情境""创设情境""情境教学""情境引入"等，是在当今课堂教学研究中频频出现的概念，然而，究竟什么是"情境"？什么是"教学情境"？怎样的"情境"被引入课堂才有效？这些都应该成为我们在教学设计过程中思考的问题。乔纳森(Jonathan)在《学习环境的理论基础》一书中，对"情境"作过这样的描述："情境是利用一个熟悉的参考物，帮助学习者将一个要探究的概念与熟悉的经验联系起来，引导他们利用这些经验来解释、说明、形成自己的科学知识。"

怎样的"情境"才有效？真实！

【情境与描述】

《减少丢弃及重新使用》一书是教科版教材六下《环境和我们》单元的第三课，通过前两课的学习，学生们已经知道我们每天都在产生大量的垃圾，垃圾会污染环境，处理起来很难，那该怎么办呢？本课将研究怎样从源头上减少垃圾的数量，侧重于研究减少固体垃圾的数量。那么，日常生活中哪些垃圾是可以减少的呢？本课重点讲述过度包装问题。

本课教材分为两部分：

第一部分：包装盒的观察研究。

1. 观察商品包装盒；
2. 交流对商品包装的观察结果；
3. 对减少包装浪费提出建议。

第二部分：生活物品的重新使用。

1. 废物利用是减少垃圾数量的重要方法；
2. 讨论几种物品重新使用的多种方法；
3. 想办法让更多的物品重新发挥作用。

处理大量的垃圾是非常困难的，我们每个人都可以想办法减少垃圾的产生。削减垃圾数量是解决垃圾问题最有效的措施。当前处理垃圾的国际潮流是动员全体民众参与“三R”行动。“三R”是指：减少浪费(Reduce)、物尽其用(Reuse)和回收利用(Recycle)。减少丢弃及重新使用是小学生可以实践的，甚至是可以引导学生家庭参与的环保行动。

【教学目标】

科学概念：

知道减少垃圾很重要，它是从源头上解决垃圾问题的办法。过度包装会造成资源浪费且产生大量垃圾，滥用塑料袋也会造成环境污染。

过程与方法：

研究包装盒是否过度包装，探索减少丢弃和物品重新使用的一些方法。

情感、态度、价值观：

能用实际行动减少垃圾，做力所能及的保护环境的事，养成“废旧”利用的好习惯。

为了真实情境的创设，需要做如下的准备：

学生分组收集月饼、茶叶或酒的礼品盒和其他简易商品包装袋；教师准备过度包装的包装盒和简易商品包装袋、称重的弹簧秤、包装绳一根、再利用的小日用品或工艺品，如空罐做的笔筒、饮料瓶做的花瓶等。

1. 用讨论的方法和已有知识衔接。

师：我们已经知道垃圾会污染环境，处理起来十分困难。怎样才能更好地解决垃圾问题呢？请同学们分组讨论后做汇报。

(学生小组内讨论：略。)

师：解决垃圾问题要从各方面努力，但最重要的是从源头上减少垃圾，做到再次利用。(板书：减少丢弃及重新使用。)

2. 减少丢弃的探讨。

师：(出示纸杯)：干什么用的？用完之后呢？(出示饮料瓶)：干什么用的？用完之后呢？

师：这两种物件都用来解决什么问题的？有没有既能解决问题，又不会产生丢弃行为的办法呢？

(师：出示茶杯。)

师：减少垃圾的数量是从源头上解决垃圾问题的好办法，日常生活中哪些垃圾是可以减少的？

生：双面打印可以节约纸张。

生：上学、外出自带喝水杯，少买瓶装饮料。

生：尽量少用或不用一次性用品以减少纸和塑料的丢弃。

……

（这个活动就像给自己找一个“环保搭档”。学生看的公益广告“我的环保搭档”，学生在课堂上秀一秀，会很高兴。）

师：刚才我们了解了生活中的一些垃圾是可以减少的（教师出示一简易商品包装盒），请问商品包装可以减少吗？

师：（出示一盒牛奶），这样的食物在我们消费之后，就要丢弃，那我们为什么还要这样来包装呢？

（学生被问住了。）

师：老师的眼睛老花了，这上面的小字看不清，谁帮我看看，这牛奶是哪里生产的？

（牛奶盒转到了学生的手里，几经传递之后，有人大声说出来了：这牛奶厂家在千里之外，这样的包装是为了方便运输和储藏。）

生：有的包装不可缺少。

师：具体说说。

生：有了包装便于保存、运输。

师：就是说，包装是很有用的。看看你们带来的食品包装袋，把包装的作用说给组内同学听听。

（生：组内活动。）

师：能结合手中的包装袋，说说为什么需要包装？

生：除了便于保存、运输之外，还有美观、保证卫生、还能让人知道物品的作用、重量等很多信息。

师：出示一礼品商品（茶叶）包装盒提问：请问你们对这样的商品包装盒有什么想法吗？

生：太浪费了。就像上次我爷爷买了一盒营养品，有用的就这么一点点，可是用了一个很大、很漂亮的盒子。

（讨论包装的问题是培养和应用辩证思维的好题材。辩一辩，学生会认识更深刻。）

师：刚才有同学认为这样的商品包装比简易包装的商品浪费了很多资源，下面我们就来做个礼品包装盒和简易商品包装盒重量的对比实验。演示测量礼品包装和简易商品包装盒的重量并收集数据进行分析。

（用数据来论证过度包装的问题，更有说服力。通过这个环节，学生会联想到“买椟还珠”的故事。）

（学生惊讶。）

师：一些国家规定企业必须把包装成本控制在一定范围内，如果超出标准就判为“过度包装”，应该受到处罚。像今天我们看到的这样一些礼品盒的包装，包装体积超出商品总体积的 50%以上，我们称之为“过度包装”。城市调查表明，垃圾中的 30%～40%都是商品过度包装。

（教师一边播放图片，一边提出问题。）

师：过度包装盒用什么材料制作的，有利于环境吗？我们怎样看厂家过度包装的行为，你想对商品生产厂家说点什么？我们在购物时应该怎样选择商品包装？

生：略。

师：汇总学生的意见，过度包装既浪费了纸张、木材等宝贵资源，又增加了垃圾量，产生环境污染，同时还增加了消费者的负担。包装在生产过程中还耗费了大量的人力和物力资源，真是得不偿失。我们应该改变消费观念，购买绿色环保的商品包装，坚决抵制过度包装。（板书：过度包装的害处。）你们能给厂家提出什么样的建议呢？把你们的意见写下来。

（生：书写、发布）

（发布对生产厂家的宣言，是培养学生参与社会的意识。）

3. 废弃物品重新使用的研究。

师：有些东西已经用过，好像可以丢弃，仔细想想，会不会还有其他的用处呢？出示一根包装绳：你能举出 10 种重新使用一根包装绳的方法吗？

生：略。

（讨论交流绳子的 10 种用途，目的是拓展“废物”利用的思路。在丢弃“废物”时，多一种思考。）

师：生活中，有许多的物品，我们消费了之后，还有可利用的价值。你们能例举几个例子来说说吗？

生：略。

（展示“废物利用”成果，能够起到激励的作用。）

师：物品的重新使用有哪些好处呢？

生：减少垃圾，作为礼物的话，还能表达自己的诚意。

生：如果我们注意收集一些废弃物品进行创意制作，不但省钱，还节约资源。

4. 通过这节课的学习，你有哪些收获和感想？

（板书：减少丢弃及重新使用）

师：有人说，“世界上本没有垃圾，只有放错了地方的财富”。你同意这句话吗？你是怎样理解的。

生：略。

师：国际环保组织提出了“三R”理念，即减少浪费(Reduce)、物尽其用(Reuse)、回收利用(Recycle)。这个“三R”英文单词该怎么读呢？我们有请今天来听课的英语老师，张老师！

（张老师领读，学生跟读。）

（引入“三R”是拓展学生的国际视野。环保问题，不是一个人的事情。）

【问题与讨论】

作为课堂教学的“情境”，应具备现实性、生活性、趣味性和问题性这四个方面的特征。现实性，是指“情境”来源于现实世界。生活性，是指“情境”必须贴近学生的生活。现实生活中蕴含着大量的科学问题。然而，学生关心的往往是那些贴近他们自己生活的问题。因此，引入课堂的“情境”应更多地关注学生所关心的内容以及学生在生活中所获得的经验，这样才能促使学生的经验科学化。‘趣味性’，是指“情境”必须能够激发学生的学习热情，调动学生的积极性。学生往往会主动地参与自己感兴趣的活动，而“情境”的引入就是为了激发学生的学习兴趣，让他们主动地参与到科学活动之中，去体验发现与探索的乐趣，因此，在小学科学课堂中，“情境”的趣味性是不可缺少的特征之一。问题性，是指“情境”中必须蕴含具有一定挑战性的，能使学生产生疑惑的，能激发学生的认知冲突的，能促进学生进行较为深刻思考的科学问题。总的说来，具有一定挑战性的问题往往可以激发人们探索未知世界，寻求更多的发现与创造，从而解决由认知冲突产生的疑问，获得逻辑思维能力的发展。而科学教学的重要目标之一就是培养学生的逻辑思维能力。因此，情境必须具有问题性才能有助于学生逻辑思维能力的发展。

本课例中，教学的“情境”具备这四个要素。对学生的探究学习有非常好的支撑作用。学生的学习始终处在一个既真实、现实又充满问题的“情境”中。研究绳子的10种用法、展示废品利用的成果等活动都充满着兴趣。

【诠释与研究】

一个好的“情境”引入，在科学课堂中不仅要具有课堂教学上的可操作性，还要能够最大限度地调动学生的思考积极性、激发他们的学习动机。“情境”引入还要与学习的内容要有密切的联系。“情境”引入后要能产生问题，但开放度不能太大，避免产生太多无法研究的问题。“情境”引入的活动还要难易适度，要基于学生思维的最近发展区，要能制造一定的认知困难，具有一定的挑战性。如何实现以上关于“情境”引入的要求呢？务必处理好：寻找学习内容与生活经验之间的联系，创设生活性的“情境”；关注学科特点，借助新旧知识、观念之间的关系和矛盾，创设学科性的教学“情境”；关注学生的心理需求，建立和谐氛围，让学生充分参与，创设形象性的教学“情境”。

课例透析

《减少丢弃及重新使用》是我第二次在校内公开课的课题。两年前上过这一课，那次没有太大的感触，教学进程一环扣一环，课上得很顺畅。现在看来，顺畅也未必算是好课。学生的思维有没有动起来，学生的行为有没有真正参与进来，学生学习的主动性有多强，这些问题还是需要重新思量的是。

再上这一课时，我是采取“用充分的准备，创设真实的情景”的方法，让学生的思考建立在真实的事物上，以此来打开学生的思维，提升学生的认知。

第一，挑起矛盾，引发对垃圾处理的再思考。

(1)分析垃圾处理的常用方法：“填埋法”简单易行，但引发的环境问题很严重；“焚烧法”有技术含量，但二次污染也不容忽视。

(2)如何解决垃圾问题呢？问题在“情境”中提出，能引发学生的积极思考，这样减少垃圾的想法就在学生的思考中出现了。

第二，减少使用一次性物品，需要用具体的实物来解决

课堂教学中要解决的这个问题是有一定难度的，但这又是一个绕不过去的环节。好的教学效果要让学生在真实的“情境”中自己理解。

为了解决这个问题，我在课堂上准备了三个物件：一次性杯子、饮料瓶、茶杯。

出示纸杯：干什么用的？用完之后呢？
出示饮料瓶：干什么用的？用完之后呢？

这两种物件都用来解决什么问题的？有没有既能解决问题，又不会产生丢弃行为的办法呢？

出示：茶杯。

由此推出：少用或慎重使用一次性物品，可以减少丢弃（垃圾）的认识就自然形成了，不需要教师过多的描述，解释。只有教师创设的情景中的“关键点”要被学生发现，由学生解决，学生的知识才能被激活。

包装会产生垃圾，但包装又非常必要。怎么让学生去理解，还要借助真实的实物。

出示一盒牛奶，这样的“包装”在我们消费之后，就要丢弃，那我们为什么还要这样来包装呢？

课堂上的真实情景是，学生被问住了。

“老师的眼睛老花了，这上面的小字看不清，谁帮我看看，这牛奶是哪里生产的？”

牛奶盒转到了学生的手里，几经传递之后，有人大声说出来了，“这牛奶厂家在千里之外，这样的包装是为了方便运输和储藏”。

“包装是必不可少的”。我相信，这样的设计，就是再愚钝的学生也都能理解了。

在此情此景中推出过度包装的问题，合情合理。学生思维活跃，认识深刻，教育才有效果。

第三，利用课堂资源

本次在接受国际环保理念时，我实践了一个新的想法，让学生和听课的教师互动。

引出“三 R”这个问题时，我把单词交给了来听课的英语老师，请英语老教读，并解释词义。英语老师很配合，每个词都教了三遍，并告诉学生这些个单词曾经在英语教科书中也出现过。

这种互动使学生情绪高涨。课在这样的情绪中结束，意犹未尽。

3-2　地球上的水

课例展示

【教学内容】

《地球上的水》是苏教版小学科学三年级上册第三单元《生命之源——水》的最后一课内容。本课是在前面认识了解“水的各种性质”之后，来了解地球上水的分布，通过分析知道可直接利用的淡水资源十分缺乏，提高学生的节水意识。

教学目标

科学知识：

1. 了解地球上水的分布，知道淡水资源十分缺乏。
2. 知道什么是“水污染”，了解污染水对自然界和人类自身造成的灾害。
3. 学生意识到节水的重要性，并知道常用的节水措施。

过程与方法：

1. 能够阅读资料，了解水资源的分布以及特征。
2. 能够从适当的情境中，发现问题、提出问题。

情感态度与价值观：

1. 能够向大家表达自己的发现和感受。
2. 产生爱护水资源，保护水资源的意识。

教学重点

引导学生了解淡水资源的缺乏和水污染现象。

教学难点

引导学生通过分析数据，形象的比喻以及学生的行动来深刻体会地球上可直接利用的淡水资源的缺乏。

教学准备

相关课件：

课件 1：太空看地球的图片；课件 2：海洋的图片；课件 3：冰川的图片；课件 4：水污染的视频；课件 5：可利用淡水资源比例；课件 6：节约用水。

学生活动材料：

杯子、小勺、滴管。

【教学过程】

教师活动	学生活动	点评
一、导入新课，引出问题 1. 谈话：老师很爱旅游，课前老师和几位同学也聊了聊，发现他们也很爱旅游，而且去过很多地方。省内的、省外的，国内的、国外的。今天老师带你们去一个我们都没有去过的地方，哪里呢？地球外，你们去过吗？	学生倾听。	
2. 但是我们国家的宇航员杨利伟却去过，这是他在“神舟五号”上为地球拍摄的照片，从太空看地球，你们发现了什么？（播放课件）	学生应答。（地球是一个蓝色的星球；蓝色就是海洋……）	导入形式新颖，从太空看地球，展示的是蓝色的水球。很好地抓住学生的眼球。
3. 揭题：你们对地球上的水了解多少呢？今天我们来研究这个话题“地球上的水”。	学生应答：海洋、河、湖泊、小溪、冰川、高山积雪……（教师帮着整理、并书写板书）	
二、认识水在地球上的分布 1. 提问：既然地球上有这么多的水，那它们都在哪里呢？	学生应答。（有水蒸气、还有云中的冰和水珠）	先利用学生的已有知识，再辅以资料的宣传，能够有效地建构学生对地球上水的分布概念。
2. 提问：空气中有水吗？ 3. 讲述：那谁来总结一下地球上的水主要分布在哪里呢？那我们来认识一下这几种不同地方的水。（播放课件）	学生部分应答。（海洋、湖泊、江河……）	
4. 可见地球上的水分布确实很广，它分布在祖国及世界的各个地方。根据这个特征，你们能给地球起个更加形象美丽的名字吗？	学生应答。（水的星球）	
三、体验淡水资源的缺乏 1. 讨论问题：既然地球是个大水球，那么地球上所有的水都能被人利用，为人们服务吗？哪些水我们不能用呢？为什么？ 那你们知道哪些地方是淡水呢？ 是不是所有的淡水都能被人们直接利用呢？ 2. 讲解：看来，只有河流、湖泊、地下水容易被我们开发利用了。	学生讨论、交流。 海洋中的咸水不能用。河流、湖泊、冰川、水蒸气、地下水是淡水。冰川中的淡水无法被人直接利用，水蒸气也无法直接利用。	

续表

教师活动	学生活动	点评
3. 展示资料：了解容易被我们开发利用的淡水究竟是多少呢？下面同学们请看资料中是怎么分析的。(播放课件) 4. 讲解：通过看资料，我们了解到地下水又分为浅层地下水和深层地下水，只有浅层地下水容易被开采利用。加上同学们说的河流，湖泊这两种，看来人们可以直接利用的淡水确实少，少到什么程度了呢？老师给大家打一个形象的比喻你们就明白了。如果我们把地球上的所有水比作一个大西瓜，那么淡水就相当于一小块西瓜，而可被人们直接利用的淡水只相当于一颗小西瓜子。(播放课件)	学生观看资料片。 学生倾听、思考。	通过西瓜和西瓜子的比较，来说明地球上淡水的比例，很形象。学生容易了解。
5. 实践活动：现在大家看看能否利用老师给大家提供一杯水、一个勺子、一只滴管生动形象地向大家展示一下“地球上的水”“淡水”“人类可直接利用的淡水”这三者之间的关系呢？(教师巡视指导)。 6. 指导交流展示：哪个小组能上台来展示一下你们是怎么做的？ 四、认识“水污染”和“浪费水”的现象 1. 谈话：淡水很珍贵，可人类又是怎么对待的呢？我们来看一段资料。(播放) 2. 讲解：当水中有了一些对人体和其他生物有害的物质，使水的成分发生改变，这就叫“水污染”。	学生活动。 学生上台展示并解说：如果地球上所有的水相当于这一杯水的话，淡水只相当于这一杯水中的一勺水，而可供人类直接利用的淡水只相当于一勺中的一滴水。 学生观看资料。	实践活动很重要，小学生“常常是依赖动手操作来认识和了解世界的”。
3. 讨论：水中的污染物都从哪里来的呢？ 4. 讲解：据联合国调查显示，全世界每年排放污水达 1000 亿吨，造成 5 万多亿吨的水体被污染致使数百万人死于饮水不洁引起的疾病。污染的水不仅影响到了动物、植物的生存，更加严重的是威胁到人类生命健康。 5. 讲述：有健康的水使用，我们是幸运的，我们怎么用好这些宝贵的水呢？	小组讨论、交流(根据观看的课件资料)。 工厂排放废气和水蒸气凝结形成酸雨。2. 工厂排放污水。 3. 生活污水排放。	为学生提供资料，再组织讨论，比较符合小学生的认知特点。

续表

教师活动	学生活动	点评
6.总结：我想大家都有了很好的节水、爱水意识。但光靠同学们节水、爱水是不够的。我们要号召社会上的每个人都参与到节水、爱水的活动中来。那么我们可以通过设计一份宣传小报的形式来宣传这样的活动，老师这是一个样本，大家可以尽情地发挥想象，做出你们满意的设计。（播放课件）	学生应答。随手关好水龙头；用洗完衣服的水拖地、冲厕所；不玩水枪。	给学生提供一个样板，让学生进行模仿，比提出空洞的要求要实在、有效。

课例透析

《地球上的水》是苏教版小学科学三年级上册第三单元《生命之源——水》的最后一课内容。本课是在前面认识了解"水的各种性质"之后，来了解地球上水的分布，通过分析知道可直接利用的淡水资源的缺乏，提高学生的节水意识。

在本课教学设计中我主要采用了生动形象的课件演示、学生活动等手段，在学生已有认识的基础上构建，来完成本课教学。

通过课件演示，学生充分体会地球上水资源分布的广泛，感受到水体的美丽。丰富学生的知识，提高学生的审美情趣。

通过精美的动画演示，把一些抽象的数据形象化，学生体会到地球上可直接利用的淡水资源的缺乏。

通过学生实践活动，学生进一步体会到地球上水资源确实丰富但可直接开发利用的淡水却少之甚少。

这些手段的运用目的是激发学生的学习兴趣，提高他们的学习效率，使学生通过这节课的学习，培养节水习惯，并把影响他人共同节水作为已任，力争为节约并保护地球上的水做贡献。

科学课应精心呵护学生与生俱来的对周围世界的好奇心，培养他们对科学的兴趣求知欲，让他们亲身经历以探究为主的学习活动，提高科学探究能力。这一节课在教学设计上体现这样的几个特点：

(1)创设情景,引入课题,营造有利于学生开展学习的环境。

在导入时精心设计了"情境",从学生的生活入手,再展示杨利伟在神舟五号上为地球拍摄的照片,让学生通过仔细观察,发现从太空中看地球,地球上大部分都是蓝色的水,激发学生的思维,引出所研究的课题。

(2)认真钻研教材,科学合理地设计教学内容。

从结构上围绕"一大一小"展开,"一大"是指水的存在范围大,也就是指地球上水的丰富。"一小"是说可供直接利用的淡水实在少。就这么少的可利用的淡水,还存在污染和浪费的现象,因而,"节水、爱水"便成了人类生存和发展的重大课题。

(3)注重启发引导,在教学中渗透学习方法及环保知识。

整个教学过程设计体现了以学生为主的教学思想,教师只是启发引导、适当点拨,学生学习的素材是从日常生活中来,如学生谈到水污染和水浪费的现象以及家庭节水的一些方法,引导学生自觉保护环境,做到节约用水。

3-3　我们关心天气

课例展示

【教学内容】

《我们关心天气》是教科版小学科学四上第一单元的起始课,在整个单元乃至整个学期都是具有重要地位,上好这节课显得至关重要。从教材提供的信息,我们可以作如下分析:

1. 通过引导学生观察一张"城市天气预报图"来帮助学生明确常见的天气现象。图上用各种天气符号和表示温度的数字,反映这一天全国各个地区的天气情况。学生通过对这张图的观察,可以对常见的天气现象有一个基本的了解。

2. 图上的表示天气现象的符号可采用粘贴的形式,在符号下面应写上符号的名称,便于学生认识这些天气现象。

3. 提问学生还知道那些天气现象,以帮助学生全面认识天气现象。

4. 为每一组准备一套天气符号,让学生尝试着给这些天气现象进行分类。

5.（室外）观察、描述今天的天气情况——引导学生从云、降水、温度、风四个方面对今天的天气进行观察。

6. 用一些词或句子将观察到的现象记录在科学记录本上。回到教室后，将学生观察到的现象进行交流。

7. 引导学生思考今天的天气对我们的生活有什么影响或提问学生你觉得今天的天气我们应该穿什么衣服？使学生意识到天气在影响着我们的生活。

8. 学生在科学记录本上，描述今天的天气时，用到的可能只是一些毫无联系的几个简单的词语或句子。提示部分对学生描述天气的方法的指导——将天气特征与生活建立联系，提高学生对天气的认识水平。可以引导学生阅读提示，并应用提示的方法对自己的记录进行改进，并把改进后的描述和同学交流。

【教学目标】

科学知识：

1. 可以初步感知，能从云量、降水量、气温、风向和风速等天气现象来描述天气。

2. 知道常见的一些天气现象和天气符号。

过程与方法：

1. 能对各种天气现象进行分类。

2. 运用感官观察天气，并学会用简单的词句把它记录下来。

情感态度价值观：

意识到天气每天都在发生着变化并影响着我们的生活，增强关心天气的意识。

教学重难点：

知道常见的一些天气现象和天气符号。

教学准备：

1. 用天气符号标注城市天气情况的图片一张（多媒体展示用）。

2. 每组一套天气符号卡片。

3. 天气现象归类表格和关于天气网状图各一份。

4. 每个学生科学记录本各一本。

【教学过程】

教师活动	学生活动	点评
一、课前收集资料 提前两天布置给学生，关注一天中央电视台和安徽省电视台的天气预报。模仿一段播音。（安徽台晚 6 点 55 分，中央台晚 7 点 30 分）上课前，老师要到同学们中间摸一下底，了解学生的关注情况。	学生参与活动。	四年级的学生很少关注天气，课前布置关注天气预报，让学生了解天气的不同方面，对课堂教学的进行有益。
二、认识天气现象	学生参与活动。	
1. 谈话：两天前，老师让大家关注天气预报节目，大家都看了吗？谁来播报一下给大家听听。	学生参与互动。	播报天气，调动了学生参与学习的积极性，又为新课学习的展开做好了铺垫。
2. 提问：大家从这位同学的播报中，了解了哪些天气信息？（学生说什么并不重要。）		
3. 出示一张“城市天气预报图”：这是一幅中央气象台的天气预报图，图中显示了哪些天气现象？	学生参与活动。	用一张天气预报图，把天气信息和符号进行了有效的对接，环节处理没有痕迹。
4. 根据学生的回答在黑板上粘贴相应的天气符号并写上名称。	小组内互说天气。	
5. 提问：你们还知道哪些天气现象？在小组里互相说说。（根据学生回答出示相应符号。）	学生在小组内分类，讨论分类的理由。	自主学习，了解更多的天气信息，比听老师介绍，学生更感兴趣。
4. 发给每一组一套天气符号：请大家对这些天气现象进行分类。		
5. 汇报交流。明确阴、晴、雨、风、雪等符号的含义。各种天气，我们都可以用符号来表示。		
三、描述今天的天气怎样		
1. 今天的天气怎样呢？我们一起到外面去看一看。把你观察到的天气现象，用一些词或句子记录在科学记录本上。 （给学生提供一张观察记录单。提出观察要求：请从云、降水、温度、风四个方面对今天的天气进行观察，然后用一些词或句子将观察到的天气现象记录在科学记录本上。）		

续表

教师活动	学生活动	点评
2. 安全教育，并落实小组长进行管理。 3. 带上科学记录本和笔排队到操场上分组进行观察，教师巡视。（时间控制在10分钟内。） 4. 回到教室进行交流：请同学来汇报一下你们观察到天气现象。 5. 学生汇报，教师展示学生的记录。	学生拿着观察记录单和笔，走出教室，来到操场上观察，并记录。	用天气记录表指引天气观察活动一举多得，为后面连续观察天气的方法与形式做好了铺垫。
四、认识天气与我们 1. 提问：今天的天气对我们的生活、学习有什么影响？（如不知如何回答可提问：你觉得今天的天气我们应该穿什么衣服？）	学生参与交流活动。 学生参与互动交流。	
2. 认识“网状图”的使用：刚才同学们在汇报的时候想到一点说一点，有没有办法把天气和我们生活的关系更直观地表示出来的方法呢？打开书本第45页，看看书本上向我们介绍了怎样的一个好方法？ 3. 带读提示语。 4. 看明白了吗？有不明白的请提问。 5. 请你学着书本上的方法，在科学记录本上为今天的天气和我们生活的关系做一张“网状图”。	学生独立完成“网状图”的填写。	这里教师的预设非常必要，我们的任何提问，都需要关注学生的能力。
6. 展示学生的“网状图”。	学生参与介绍交流。	
五、总结 刚才我们观察的是今天的天气，那么明天天气又会怎样呢？后天呢？一个月内我们这里的天气又在发生怎样的变化呢？在接下来的一个月时间里请大家每天把观察到的天气现象记录下来，这样我们就能了解在这段时间里我们这里的天气变化是这样的。	学生倾听。	用谈话的方式把观察引导到课外，这样很好。

今天的天气观察表

观察日期：________________观察者：________________

观察项目	我观察到的	天气符号
天上的云	很多　　比较多　　很少	
风吹来的方向		
风的大小		
气温		
其他		

天气符号

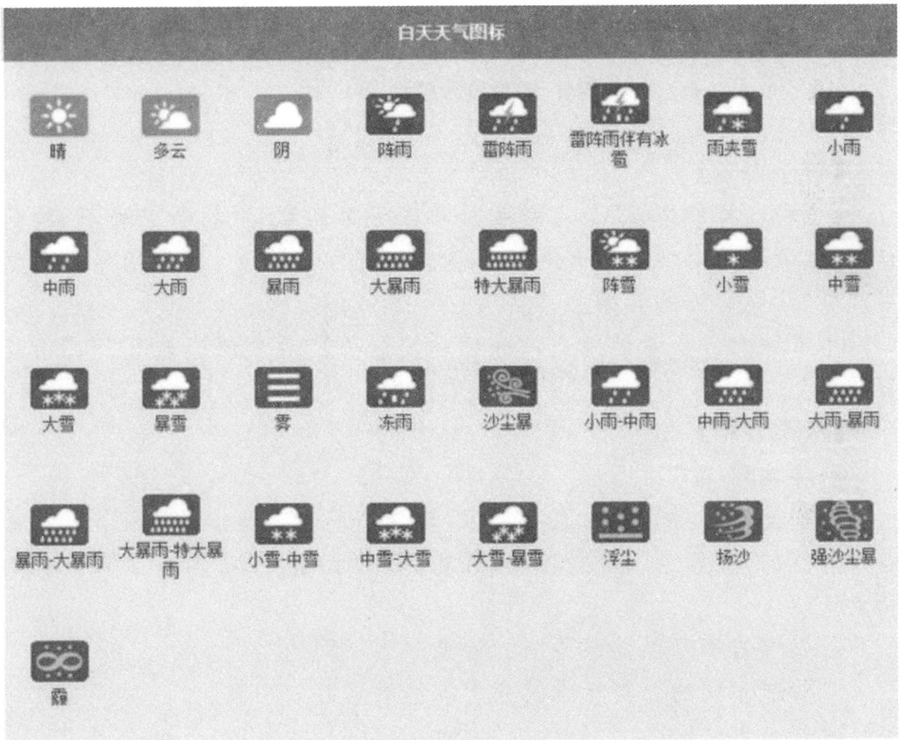

课例透析

俗话说，良好的开端是成功的一半。由于课前的精心安排，开课就很顺利。学生精神集中，参与热情高涨。

本课使用的资源并不多，但每一项都不可缺，且都要用好。首先是天气预报图，在授课过程中有两个方面的作用，一是契合学生的交流；二是引导符号的使用。用好了，这课就上得轻松，学生也学习得快乐。符号的出现和使用，一定要在学生交流讨论之后，这样能够体现两个作用：拓展对天气信息的认识和规划天气信息分类。走出教室之前，需要带领学生学习一下观察的项目，讨论怎么实施观察活动，如何填写天气记录表。这样才更有利于观察目标的达成和后续观察活动的开展。

3-4 各种各样的岩石

课例展示

【教学内容】

《各种各样的岩石》是人教版科学四下第四章《观察研究岩石》的起点课，本课即是对学生已有对岩石认知的了解和交流，也是指导学生运用观察、研究岩石的开始。

本节课有三个活动组成，“介绍一块岩石”“观察研究岩石”和“给岩石分类”。

【教学目标】

科学知识

1. 引发学生对岩石的原有认识，建立岩石的初步概念；知道岩石是各种各样的，在颜色、花纹、软硬、轻重、颗粒大小、手感等方面有各自的特点。

2. 知道岩石可以按照不同的特点分为不同的类别。

3. 知道不同的分类标准其分类的结果也可能不同。

过程与方法：

1. 学生能够以个人参与或小组参与为形式，获得在附近寻找岩石的亲身经历。

2. 在课堂中能够综合运用感官对岩石进行直接的观察，获得观察岩石的基本方法及技能。

3. 能以岩石的某种特点为分类标准给岩石分类。

情感态度与价值观：

1. 培养良好的实验习惯，愿意与他人合作并交流。

2. 从欣赏自然界中的石头美景获得美的体验，从而热爱大自然。

3. 获得丰富的研究岩石的愉悦情感。

教学准备：

1. 可以在课前布置学生以小组或家庭为形式，收集各种各样的岩石。

2. 教师也应该准备大量的常见的一些岩石，同时还可以准备一些本地区常见的岩石。

3. 准备一些观察工具：放大镜、盛水的烧杯、记录纸等。

4. 录像课件：裸露的山崖、布满岩石的河道、散布卵石的沙滩。

【教学过程】

教师活动	学生活动	点评
一、激趣引入 1. 播放一段关于地表岩石风貌的录像片。 2. 提问：在影片里你们都看到了什么？ 3. 讲述：科学上把石头叫着岩石，是构成地壳的坚硬物质，到处可见。你平时在哪些地方看到过岩石？从今天开始，我们要研究岩石。（出示课题：各种各样的岩石。） 二、介绍一块岩石 1. 我的岩石来自哪里？ 谈话：说说你平时在哪些地方看到过岩石？ 你今天带来的岩石是从哪里找来的？ 2. 向大家展示自己的岩石。 给大家介绍一下你最喜欢的一块岩石。 3. 讲述：岩石的分布很广泛。为了便于观察研究，我们该怎么处理呢？（引导编号）请各组将自己编好号的石头放到塑料盘中。 三、观察一块岩石 1. 谈话：为了研究的方便，我们已经把岩石编了号，接下来你准备怎样去研究它呢？	学生观看。 学生应答：各种各样的石头。 学生应答。 学生简单介绍自己的寻找经历。 交流自己喜欢的岩石。 学生提出给岩石编号。完成“表一”的填写。	用课件集中问题，简捷明了。揭示课题，解释名词。 这个过程本身就是一个亲身体验的过程。当孩子们都拿出自己的岩石时，此刻他们最想了解的是：同学手中的岩石是怎么样的？从哪里找来的？因此，就非常自然地展开了“说说你的岩石是哪里找来的？”这一话题。

续表

教师活动	学生活动	点评
2. 请你大概估计一下，你会观察到岩石的几个特征？（先请个别学生说说，相机提示，用什么方法能发现这个特征？然后在小组里说说） 3. 请你选择一块感兴趣的岩石进行观察。 4. 学生自主观察探究，教师巡回指导。 5. 我的岩石观察记录交流。 ①你用了哪些方法对岩石进行观察？ ②你观察到了岩石的哪些特征？有没有超过自己的估计？ ③你对同学的观察描述有没有补充或意见？ 四、给岩石分类 1. 讲述：给事物分类是科学研究的重要方法。如果请你分类的话，你打算怎样分？为扩大研究成果，老师也为各组准备了一些岩石，请把这些岩石合在一起研究。 2. 各组按照自定的标准分类，教师给个别小组分发小卡片：不同的分类标准结果一样吗？仔细观察分类结果，你有些什么新的发现吗？ 3. 给岩石分类。 提醒：请大家按照一定的标准分类，并将结果用简洁的词语记录下来。 分类标准 、分类结果（注意不要遗漏） 4. 组织交流：分类暂告一个段落——哪组同学先上台介绍？请按照“运用什么标准，将石头分为几类，每类分别是什么号码”这种方式说一说。 对他的汇报，你有什么疑问吗？ 五、延伸、拓展 许多同学的心中还存在着许多疑问：如这些岩石是从哪儿来的呢？都是怎么形成的……这些问题有待于我们下节课继续去探究！	学生按照要求把岩石放在指定的盘中。 学生参与回答。 学生把自己的想法说给同学听。 选一种自己喜欢的岩石进行研究。并填写“表二”。 学生按照老师的提示进行汇报。 学生思考，组内交流分类标准：组内共有几种分类方法？分别都是怎么样的？ 学生将各个小组的岩石进行分类并做记录。 学生以小组为单位参加交流。同时参与小组评价。	在观察“我的岩石”这一活动中，强调科学学习的方法培养，着重引导学生采用多样的方法观察岩石，如手摸、鼻闻、轻轻敲打等。在观察活动中，强调对探究结果的记录，这不仅是观察活动本身的需要，更是对学生科学态度的培养。 这一部分的内容是第一部分“观察岩石”的延续，两者既有联系又有区别。“观察岩石”目的在于让学生研究不同岩石的个性特征，而“给岩石分类”目的在于让学生研究一群岩石的共性特征。

表一：岩石收集记录表

岩石编号	采集时间	采集地点	简单描述

表二："我的岩石"观察记录表

观察内容	观察方法	观察描述
颜色、花纹		
手的感觉		
气味		
轻重		
其他		

板书

各种各样的岩石
构成地壳的物质
分布广泛
各有特点

课例透析

(1)精心设计"有结构的材料"是学生观察成功的保证。我为每组学生准备的 5 块岩石，不但从颜色、软硬度、光滑度、成因等方面考虑，而且特别重视各自的典型性和代表性，尽量让学生一目了然，便于观察、便于分类。

(2)对学生的探究活动进行有效地指导非常必要。在进行"观察岩石"的活动之前，为了能使学生从更多方面来观察岩石的特点、特征，我设计了一个小问题：当我们面对一块陌生的岩石时，我们可以采取哪些方法来观察研究它呢？教师根据学生的回答适时点拨。如当学生提出用眼睛看时，教师及时肯定好的，进一步追问：看什么，怎么看（看花纹、大小、形状、粗糙度、光滑度等）。当学生提出用手摸时，教师及时指导：用手摸，摸什么？用手还可以干什么？（光滑度、粗糙度、用手掂掂轻重）等。实践证明这样的设计为学生后面综合运用感官对岩石进行直接的观察，扫清了障碍，同时为学生利用工具进行观察打下了基础。

(3)为了观察的有效，还需要指导观察的顺序。关于这一点，在观察记录表上都有了明显的提示，特别是设置了"其他"这一栏。老师的预设不能穷尽学生的思考。在实际的指导中，可以明确先感官再工具后实验。关于这一点，在教学过程中体现不够。

3-5 地球表面的地形

课例展示

【教学内容】

教材分析：《地球表面的地形》是教科版五上科学教材《地球表面及其变化》这一单元的第一课时。从单元内容编排结构来看，本课内容具有总起作用，大致让学生了解地球表面的地形及整体概况。教材中主要安排了两个活动内容：第一，我们所看到过的地形，这一活动内容主要是让学生通过回忆曾经去过的地方，看到过的风景，说出这一地方的地貌特征，这一认识从实到形，是学生认识事物的一个转变；第二，观察地形图，这一活动步骤主要是让学生通过进一步观察地形图来了解我国地形结构和地球表面地貌特征状况。

学情分析：本课是本单元学习的基础，将会引发学生讨论和交流有关地球表面地形地貌及其变化的一些话题，为此教学活动应从交流学生带来的照片、图片或视频看到的典型地形特点进行教学的。由于学生知识面相对较狭窄，对一些科学术语等都并不了解，因此我在教学设计中尽可能地从家乡地形特点展开，同时也从认识家乡地形开始，再进行拓展，以达到知识迁移的目的，能更好地完成本课的教学任务。

【教学目标】

科学概念：

1. 认识常见的地形：高原、丘陵、盆地、山地、平原等。

2. 知道地球表面有河流、海洋、山脉、高原等多种多样的地形，地球表面是高低起伏、崎岖不平的。

过程与方法：

1. 会观察和描述常见的地形特点。

2. 会看简单的地形图，能在地形图上指认如高原、平原、山脉、河流、海洋等地形。

情感、态度、价值观：

培养对地球表面地形研究的兴趣，能自觉关注和收集相关的信息。

教学重点：

知道典型地形地貌的特点。

教学难点：

掌握使用地形图的方法，能从地形图中发现整个地球地表地形地貌的分布和特点。

教学准备：

1. 多媒体课件；

2. 准备自己去过的一些风景照片或录像资料；

3. 表格，地形图；

4. 各种地形图片。

【教学过程】

教师活动	学生活动	点评
一、谈话导入　激发兴趣 1. 讲述：今年暑假，老师去旅游，到了四川盆地的一个著名景区九寨沟（出示图片），九寨沟国家级自然保护区，位于四川省阿坝藏族羌族自治州九寨沟县境内，九寨沟是一条纵深约50千米的山沟谷地，大部分为森林所覆盖。这里山高、林密、谷深。还去了敦煌莫高窟（出示照片）这里是壁画的博物馆。知道莫高窟在哪儿吗？莫高窟地处黄土高原边缘的沙漠地带。别看那里现在荒凉，几千年前，那里也曾经是繁华的都市。亲爱的同学们！你们都去过哪里？也来和大家做个交流吧！	学生观察、倾听。 参与交流互动。	从欣赏自然风光入手，很好滴聚焦了问题，也集中了学生的注意力。

续表

教师活动	学生活动	点评
2. 听学生的交流。 3. 讲述：人们通常用高原、山地、平原、盆地、峡谷等来描述地球表面的形态。今天，我们就一起来研究《地球表面的地形》(板书课题) 二、观察地形 1. 教师出示常见的地形图，(山地、盆地、峡谷、平原、丘陵、高原)认真观察，这些地形有什么特点？先把自己观察到的特点记录下来，再和组内的同学做个交流。 2. 教师组织汇报并做补充和完善(板书)。同时课件展示这些地形。 平原：宽广平坦，起伏很小； 丘陵：高低起伏，坡度较缓，由连绵不断的低矮山丘组成； 高原：面积很大，地形开阔，周围以明显的陡坡为界； 山地：地势较高，蜿蜒起伏，层峦叠嶂； 盆地：四周地势较高，中间低平； …… 三、了解家乡的地形 1. 小组讨论：家乡在哪？有什么特点？是什么地形？ 2. 提示阅读资料，了解合肥地形特点。 四、观察地形图 1. 通过刚才的活动，我们虽然认识了很多种地形，也知道了我们家乡的地形。但对于整个地球表面的形态大家了解了吗？你们有没有比较便捷的方法方便我们进行研究？ 2. 出示工具——地形图 通过借助工具，来进行研究，这也是科学家经常用到的方法。 今天，我们来认识一样新的研究工具——地形图。 3. 初步观察地形图 PPT 出示：(世界地形图、中国地形图、安徽地形图)	学生观察图片，填写表格；参与小组讨论。 参与交流互动，共同完善各种地形的特点认识。 学生参与讲述、介绍、互动交流。 学生观察模型，议论异同。预计学生回答：相同点是，每张地形图中都有不同的颜色。 不同点是，表示的地形范围大小不一样。	关于地表形态，教材上没有提出界定，大多数老师也不介意。在这里，借助师生的讨论，顺势给出，很自然，巧妙。 讨论、协商体现了课堂教学的民主与和谐。 这个环节教材中没有，加上后，有利于培养热爱家乡的情怀。又能对学习过的地形做个应用。不可或缺。用资料提供的方式处理得很好，这样可以节约时间，又可以避免单调的讲述。

续表

教师活动	学生活动	点评
请你比较一下这几张地形图，它们之间有什么相同点和不同点？ 追问：你认为这些颜色的作用是什么？ 4. 教师提供阅读资料，了解地形图的相关知识。 5. 观察地形图 ①从地形图上我们还可以知道哪些信息呢？请以小组为单位仔细观察地形图，交流并注意记录从地形图中获得的信息。 ②汇报小结。海洋多陆地少，西高东低（中国西部多高原，东部多平原），河流大多数东西走向。 ③从地球仪上你能找出各种地形吗？ 五、拓展延伸 1. 关于地球的表面，我们还知道些什么呢？交流、讨论。 2. 小结：地球表面这么的多姿多彩，这样的地形会不会发生变化呢？是什么力量在作用它发生变化呢？下节课我们将继续研究。 六、课后活动 收集有关地形地貌发生变化，特别是火山和地震引起的地形地貌变化的资料，最好是文字加图片。	借助阅读资料，观察地形图，获取信息。并参与交流、互动。	讨论、交流可以拓展学生的认识，改进认知质量。 对照资料，了解地形图，既能够培养认真观察的技能，又可以培养认真阅读的能力。

【板书设计】

地球表面的地形

丘陵、高原、山地、

盆地、平原……

合肥地形资料：合肥市地处江淮丘陵，北起舜耕山南，南至巢湖盆地周围，大部分地域岗冲起伏，垄畈相间。江淮分水岭横贯市域中部，南为长江水系，地势由北向南倾斜，沿巢湖一带形成冲积平原，地势平坦，土地肥沃，圩畈绵延；以北为淮河水系，地势由南向北倾斜，大部分为海拔30—50 米的台地，沿瓦埠湖、高塘湖周围有小块狭长的冲积平原。合肥市区地势西北高东南低，地貌波状起伏，以侵蚀堆积地形和堆积地形为主，可分为丘陵、缓低岗和平原 3 个地貌单元，大蜀山平地突起，山峰海拔 282 米，为市区最高点。湖滨平原位于巢湖北岸，包括大圩、义城等乡镇的圩区。巢湖沿岸海拔仅 3—5 米，是合肥最低的地方。

地形图资料：地形图，是普通地图的一种，是按一定比例尺表示地貌、地物平面位置和高度的一种正射投影图。它用符号和颜色来表示地球表面的地形地貌，一般在图上都有比例尺和图例。如深浅不同的棕色和褐色分别表示海拔 2000—5000 米以上的高原和山地。绿色表示平原，棕色表示高原，褐色表示山地。白色表示终年积雪的山峰，往往都在 6000 米以上。深浅不同的蓝色表示各种深度的海洋……从高空俯瞰我国大地，河流有两条，长江和黄河，走向自西向东。地势四阶梯，从西向东逐渐下降：第一阶梯是青藏高原平均海拔四千米以上分布高山、冰川，其中喜马拉雅山脉的最高峰 8848 米。第二阶梯式内蒙古高原、黄土高原、云贵高原、塔里木盆地、四川盆地，平均海拔 1000 米至 2000 米。第三阶梯是东北平原、华北平原、长江中下游平原，海拔 500 米至 1000 米以下。再向东是中国大陆架浅海区，也就是第四级阶梯，水深大都不足 200 米。

地形观察记录表

观察者：________

图片代码	地形特点	地形名称

课例透析

本课的主要教学内容是让学生知道五种主要地形的特点及学会观看地形图，并根据不同的方法分析判断某个地方属于什么地形。本课是单元学习的基础，将引发学生讨论和交流有关地球表面地形地貌及其变化的一些话题。激发学生对本单元内容的学习兴趣。为以后学习地球内部运动和外力作用引起的地表变化奠定基础。通过几次的试教，感受还是比较深的。首先我认为这是一节比较有趣的课，要上出有趣，也要学得有趣，否则怎么能激发学生学习了解地球的兴趣呢！所以从欣赏地形开始。这样做学生普遍感兴趣。

其次，提供观察和小组交流，发现地形特点。对各种地形特点的描述都是很专业的语句，如果由老师生硬地塞给学生，学生也不能了解。在学生观察、交流的基础上，师生互动、协商确定关键词语。这样能够体现学生学习主体的作用。

再次，为学生的自主学习提供阅读资料，这样可以节约时间，同时可以拓展知识面，又可以避免教师语霸，改善课堂教学氛围。

3-6　昼夜交替现象

课例展示

【教学内容】

《昼夜交替现象》一课是教科版五年级下册《地球的运动》单元第一课。本课旨在通过大胆猜测、科学探究让学生表达自己对“昼夜交替”现象的看法，为学生在本单元的后继探究学习做铺垫，而不是要求学生掌握形成“昼夜交替”的原因。教材设计了三个有层次的活动：一是学生自由发表他们对昼夜交替现象的假说；二是做昼夜交替现象的模拟实验；三是根据模拟现象提出有根据的多种可能的解释，并对这些解释进行分析。

教材列举了产生昼夜交替现象的四种假说，其目的是打开学生思路，引导学生从地球和太阳的相对运动。提出产生昼夜交替现象的多种解释，并通过模拟实验去验证，使学生明白昼夜交替现象有多种可能的解释，需要用更多的证据才能加以判断。昼夜现象与地球和太阳的相对圆周运动有关，从认识到积极参与讨论，并发表有根据的解释是非常重要的，同时培养学生主动探究，积极合作的态度。

学情分析：

通过课前调查、统计分析发现，少数学生虽然了解昼夜交替现象，知道“地球在自转并且围绕太阳公转”这一科学事实，但都是通过书籍、电视等渠道获取的，知识是以零碎的形式存在，没有完整、有序地建构，因此说学生对昼夜交替现象产生的真正原因是困惑不解的。

五年级的学生想象丰富，思维活跃，对周围世界产生强烈的好奇心和探究欲望，乐于动手操作，只要教师加以引导就能转化为强烈的求知欲望和学习行为。但五年级学生思维方式还处于形象思维向抽象逻辑思维过渡阶段，而昼夜交替现象产生原因是抽象的。抽象思维的展开是以具体形象为基础的，因此教学中教师应遵循学生认知特点，契合学生的思维发展水平，将宏观的物象直观化，不易观察的物体可视化，变难为易，使学生初步认识到日地之间的相对圆周运动形成了昼夜交替现象。

【教学目标】

科学概念：

1. 知道昼夜交替现象有多种可能的解释。

2. 初步理解昼夜交替现象与地球和太阳的相对圆周运动有关。

过程与方法：

1. 能积极提出地球产生昼夜现象的多种假说，并且进行验证。

2. 做好模拟实验和运用实验搜集证据。

3. 根据实验的情况修正自己的解释。

情感态度价值观：

1. 认识到积极参与讨论，并发表有根据的解释是重要的。

2. 认识到同一现象，可能有多种不同的解释，需要用更多的证据加以解释。

3. 培养主动探究、敢于质疑、积极合作的态度。

教学重点：

引导学生大胆猜测，提出昼夜交替现象的多种假说；通过模拟实验验证假说并尝试解释。

教学难点：

初步理解昼夜交替现象与地球和太阳的相对圆周运动有关。

教学准备：

1. 教师准备：课件、地球仪、去掉灯罩的手电筒、自制的太阳、地球彩色图片、圆形黄色即时贴。

2. 学生准备：小地球仪、去掉灯罩的手电筒、实验记录单、彩色水笔、圆形黄色即时贴。

【教学过程】：

课前活动：（课件出示：极昼、极夜、同一地点四季不同风景等图片。）

师：同学们，在浩瀚的宇宙中，有一颗美丽的蓝色星球——地球！它用神奇的力量为我们人类创造出美轮美奂的自然景物与丰富多彩的自然现象。喜欢它吗？好，那这节课我们就一起进入地球运动单元，尽情探索地球奥秘吧！上课！

一、创设情境 导入新课 1. 欣赏美景，激趣生疑。

师：请欣赏一组照片（课件播放学校同一地点白天、夜晚交替出现的一段视频）（出示课件2）

2. 初知“昼夜交替”，揭示课题。

师：看了这组照片，你有什么发现？

生：这组照片拍的是白天和夜晚的景物。

师：白天可称之为“昼”，夜晚称之为“夜”（板书：昼夜）还有补充吗？

生：白天和夜晚是交替出现的。

师：你的观察力真敏锐！是的，太阳东升，白天来到；太阳西落，夜幕降临。第二天太阳又从东方升起，白昼又来临了——昼和夜这样不停息地交替出现，我们称之为“昼夜交替现象”。（板书：交替现象）

师：想知道昼夜交替现象产生的原因吗？这节课我们就来研究它。（课件3）

（点评：用两张图片解词揭题，简洁而不单调。）

二、思维碰撞，提出多种假说

1. 引导思考，明确昼夜为什么会有交替。

师：思考一下，昼夜交替现象的产生与什么有关？

生：与太阳有关。

师：假如只有太阳，没有地球会产生昼夜交替现象吗？

（点评：老师的这句话没有处理好，直接就给出了地球。假如这么说：仅仅有太阳，就一定会出现昼夜交替现象吗？在这样的提示下，学生就会自己去找另外的相关事物。）

生：不能。

师：所以说？

生：昼夜交替现象的产生与地球、太阳都有关。

师：赞同吗？

生：赞同。

师：我有个疑问，（出示两个拳头）这是太阳，这是地球，它俩都静止不动，能产生昼夜交替现象吗？（不能）为什么？

生：太阳永远只能照到地球的一半，而照不到地球的另一半。

生：地球上照到阳光的一半永远是白天，另一半永远是夜晚。

师：那么，它们只有怎样才能产生昼夜交替现象？（运动）

师：（出示课件4）那地球与太阳怎样运动才会产生昼夜交替现象？老师想请同学们做名小科学家，大胆猜测，提出假说，有信心吗？

生：有！

师：声音洪亮，胸有成竹啊！请同学们先个人猜测，可以用拳头来模拟一下，太阳、地球的运动方式，把假说在科学记录本上写一写、画一画，然后小组讨论，并快速做好记录。

（点评：把想法画下来，就是在指导学生做模型。）

2. 学生思考、讨论、演示，教师巡视。观察假说种类，指导画图，选出优秀。

3. 学生汇报交流。

师：讨论好啦？好，哪个小组先来分享？

4. 归纳整理学生提出的假说：

生：我们组第一种想法是地球不动，太阳围绕地球转。

师：理由是什么？

生：早晨太阳从地平线上升起，傍晚落到地平线下。

师：非常棒，太阳围绕地球转，和我们生活中的感觉是一样的，对吗？继续。（师画图）

生：我们组第二种猜想是太阳不动，地球自转。

师：你从哪里了解到自转？

生：从我们爱科学杂志上看到的。

师：开卷有益啊！能演示一下吗？

生：演示自转。

师：非常棒！是我们学习的榜样！

生：我们组的第一种猜想是地球不动，太阳围着地球转并自转。

师：依据是什么？

生：地球不动，太阳围着地球转并自转，照到阳光的一面是昼，没照到的是夜，太阳不断运动，昼和夜也在不断改变，所以能产生昼夜交替现象。

师：听明白吗？思维敏锐，表达清晰，是我们学习的榜样！继续！

生：太阳不动，地球围绕太阳转并自转。

师：想法很有意思，和刚才的假说相反。

师：还有不同想法吗？你来说。

生：地球、太阳同时自转。

师：你们组的想法具有创造性。说说理由。

生：当阳光照到地球上亮面是昼，暗面是夜，地球和太阳不停自转，亮面、暗面就会交替出现，产生昼夜交替现象。

师：还有不同想法吗？你来。

生：太阳不动，地球围着太阳转。

师：好的，还有不同？你来说。

生：地球、太阳自转，同时地球绕太阳公转。

师：你们组的想法不但独特，而且表达准确，用到了"公转一词"，真了不起！

师：还有不同想法吗？

生：没有。

师：你们真厉害！提出了 7 种假说。将自己小组的假说按照黑板上的顺序编号。

（①地球不动，太阳围着地球转。②太阳不动，地球自转。③地球不动，太阳自转并围着地球转。④太阳不动，地球自转并围着太阳转。⑤地球、太阳都在自传。⑥太阳不动，地球围着太阳转。⑦地球、太阳自转，地球同时围着太阳公转。）

（点评：组织交流模型的建构，为接下来的模拟实验的方法规则做好了铺垫。如果让学生演一演，摆一摆，效果会更好。）

三、模拟实验

1. 师：猜测是科学发现的前奏，你们已经迈出了精彩的一步。下一步做什么？

生:做实验验证我们的猜测。

师:可太阳太大,离我们太遥远,地球也太大,搬不动。怎么办呢?

生:找别的东西代替地球和太阳进行实验。

师:随便找吗?

生:不是,要找和地球、太阳相似的物体?

师:为什么?

生:用具有相似特征的材料来代替地球和太阳,才能保证实验的真实性和准确性。

师:说的有道理。太阳、地球有什么特征?

生:地球,球形,不透明。太阳,能发光的球体,光向四面八方发散。

师:说得好!用什么代替太阳呢?(手电筒、灯泡、蜡烛。)

师:用什么代替地球呢?(乒乓球、地球仪、足球。)刚才你们提到的材料可都以做这个实验。像我们这样寻找具有相似特征物品做实验的方法就是模拟实验法。今天,老师为你们准备了地球仪、去掉灯罩的手电筒。

(点评:选择模体很重要,这个物体的选择一定要有相似性。选择好之后,还需要学会操作和使用,明确观察的要点,这样实践行动才有意义。)

师:给你这两样材料,你们打算怎么做实验?小组讨论一下实验方案!可以边演示边设计。

2.小组讨论、演示。

3.(停止音乐)小组汇报实验方案。

师:哪组先来分享?好,第八小组。

生:先在地球仪上选一个观察点,

师:为什么?

生:这样便于观察昼夜交替现象。

师:想得真细致,其他组记住吗?继续。

生:打开手电筒,让光照到地球仪上。

师:是这样照吗?(师演示错误照法:从上照,离得近。)

生:好像是吧?

师:不确定。从哪里照,照亮多大范围?哪组有更好的建议?

生:补充,从侧面的观察点开始照,照亮半个地球。

师:考虑的真全面,请你继续汇报。

生:让地球自转,同时绕太阳公转,太阳自转。

师：嗯，有点复杂，怎么公转？刚才小组研究吗？

生：研究了。

师：好，请两位组员配合你台前演示。（争先恐后）

师：谁是太阳？（拿手电筒）谁是地球（抱着地球仪）？当"太阳"照到观察点时"地球"说昼，当太阳完全照不到观察点时，"地球"说夜。

师：汇报员继续解说，同学们仔细观察。

生：地球自转，同时绕太阳公转，太阳自转。

师：（追问）有交替现象出现吗？其他组有补充吗？看来你们组的方案比较清晰、完整，真是好样的！

4. 师：为了保证实验能取得成功，有几点温馨提示送给你们，请认真看一看。

（课件出示：温馨提示）

①确定观察点，贴上金星。

②灯光照亮半个地球仪。

③用示意图记录实验过程。

④用箭头线表示地球、太阳运动方式和方向。

（点评：提示其实是立规，这样能很好地规范实验纪律和氛围。）

师：有疑问吗？好，心动不如行动，请材料员领取材料，动手实验吧。

师：（关闭教室的门、灯）小组合作进行实验并记录，教师巡视。

5. 停止音乐（课件9）。

四、互动交流，总结实验成果

1. 台前展示，汇报成果。

师：模拟实验完成了，为了让更多的人有机会展示，每小组只汇报一种情况。好，第一种假说哪组汇报？带着记录表，到台前汇报。

（学生汇报。）

（记录单在展示台展示，出现昼夜交替现象的教师画笑脸）

（学生手指记录单示意图汇报。）

生：实验验证，能产生昼夜交替现象。太阳围着地球转动一周出现昼夜现象，转动两周出现昼夜交替现象。

师：这一组的记录，字迹工整，示意图规范，记的详细，是大家学习的榜样。哪组和他们做了相同的实验，结论一样吗？（师：板书笑脸。）

师：第二种假说，请过来汇报。

生：太阳不动，地球自转可以出现昼夜交替现象，出现一昼夜交替现象的时间恰好是地球自转一周的时间。

师：你的声音洪亮、讲解清晰，是名优秀汇报员。

生：第三种假说是成立的。出现一昼夜交替现象的时间恰好是太阳围着地球转动一周的时间。

生：第四种假说是成立的，实验证明出现一次昼夜交替现象的时间恰好是地球自转一周的时间。

生：地球、太阳同时自转可以出现昼夜交替现象，出现一昼夜交替现象的时间只需要太阳、地球自转半周。

生：太阳不动，地球围着太阳转。能产生昼夜交替现象，出现一次昼夜交替现象的时间恰好是地球绕太阳一周的时间。

生：地球、太阳自转，地球同时围着太阳公转。可以出现昼夜交替现象，出现一昼夜交替现象的时间只需要太阳、地球自转半周。

2. 评价小结

师：（手指板书）通过模拟实验，我们发现这 7 种猜想都能出现昼夜交替现象。这说明什么？

生：说明昼夜交替现象产生有多种可能。

师：再看地球和太阳的运动轨迹，有什么相同点呀？（地球和太阳做相对圆周运动。）

生：地球、太阳都在做圆形运动。

师：刚才你们像小科学家一样成功地完成实验，不但验证了自己的假说，还有了重大的发现！真棒！（课件出示“我的发现”）昼夜交替现象有多种可能的解释；昼夜交替现象与地球和太阳的相对圆周运动有关。

（点评：有活动就不能没有评价。课堂中的评价要么是鼓励继续学习，要么是方向指引，要么是规范知识。）

五、总结收获，激发探索兴趣

师：激活思维：通过今天的学习，你有什么收获？

生：做模拟实验时，要选择与实物特征相似的材料来代替实物。

生：昼夜现象的产生与太阳和地球做相对的圆周运动有关系。

生：同一种现象，有时会有多种解释。

……

师：关于本节课的学习，你们有疑问吗？

生：昼夜交替现象有多种可能的解释，它们都正确吗？

师：对于“为什么地球上昼夜会不断地交替”这种自然现象，虽然有多种可能的解释，但科学合理的只有一种，要找到符合真实情况的解释，需要更多的信息和证据，证据越多，也就越接近真理。课后，同学们可以查阅一下相关的资料，相互交流，不断完善和修正我们的认识。同学们，科学无止境，只要肯攀登！本单元我们将继续深入研究。

课例透析

一、本课的教学环节安排清晰。提出问题→提出猜测→验证猜测。

二、校门口的情景照片的展示颇为用心。校门口的晨昏照片的选择，看是随意但颇为用心。第一，学生熟悉的东西突然出现的课堂上，容易引起学生的注意，有静心聚神的作用。第二，同一地点的晨昏变化，凸显了需要探究的“问题”。为什么呢？呼之欲出！同时也在暗示学生，身边的事物中普遍蕴含着“科学道理”，关注“自然”，不断“思考”就是在做“科学”。

三、模拟实验的教学扎实有效。猜测内容使图画记录并进行展示、演示。这样做，既是评价交流，也是为后面的模式实验操作技术上的准备。学生的模拟实验成效显著。由于学生的猜测与思考都很仔细，在模拟实验的器材选择与使用上都很顺利，从学生的汇报和展示来看，模拟现象明显。这样，学生通过自己的实验活动结果，排除了不真实的猜想，也验证了可能合理的猜想。但真相只有一种，这又将学生引到了更深入的思考中。

四、这只是一实录，它还不是“课例研究”。倘若我们能在课前拟定一个“主题”，再用课堂实践进行实践验证，课后再围绕“主题”进行分析和整理，诊断“问题”的解决程度和由此引发的思考，就完成了一个“课例研究”。

（叶亚坤提供实录）

第 5 部分

小学科学技术与设计领域课堂学习与课例研究

5

1　小学科学技术与设计领域课堂学习标准

1-1　小学科学第一学段技术与设计领域学习标准

学习标准

1-1-1　第一学段水平Ⅰ

▶科学知识

(1)能够分清自然世界和人工世界。

(2)能够识别常见的工具。

▶科学探究

(1)能在教师指导下,对工程与技术问题感兴趣。

(2)愿意在教师的指导下,对工程与技术类问题做出猜测。

(3)在教师的指导下,参与制定探究计划。

(4)在教师的指导下,愿意记录、整理探究信息。

(5)在教师的指导下,尝试利用分析、比较与分类等方法,得出探究结论。

(6)在教师指导下,愿意如实讲述探究经过和结论,愿意参加交流和讨论。

(7)在教师指导下,愿意将探究中学习到的知识与方法加以应用,有解决实际问题的意识。

(8)按照老师的要求,反思探究过程和结果。

▶**科学态度**

(1)在教师指导下,愿意参加对工程与技术的探究。

(2)具有用事实说话的意识。

(3)在教师指导下,愿意尝试多角度、多方式认识事物。

(4)在教师指导下,愿意和同伴合作、交流。

1-1-2　第一学段水平Ⅱ

▶**科学知识**

(1)知道使用仪器观察比肉眼观察更准确。

(2)能够列举自然事物和人工作品。

▶**科学探究**

(1)能在教师指导下从被观察的仪器、工具中,发现感兴趣的问题。

(2)能够依据经验,对问题提出猜测。

(3)知道探究需要制定计划。

(4)学习使用图形、文字等记录和整理探究信息。

(5)在教师的指导下,能够利用分析、比较与分类等方法,得出探究结论。

(6)在教师指导下,积极参加交流和讨论,如实讲述探究经过和结论。

(7)能够积极反思探究过程,并产生愿意改进探究方法的意识。

(8)在教师指导下,积极地将探究中学习到的知识与方法加以应用,有解决实际问题的能力。

▶**科学态度**

(1)在教师的指导下,对探究工程与技术现象的活动产生兴趣。

(2)能够尊重事实。

(3)在教师指导下,积极尝试多角度、多方式认识事物。

(4)在教师指导下,积极和同伴合作、交流。

学习标准解读

本学段是技术与设计领域学习的起始阶段，要求不能过高。强调按照教师的指导去完成探究学习，经历认知过程。水平Ⅰ是学生学习科学课程的基本要求，也是教师实施科学教育、教学的基本目标。水平Ⅱ强调的是科学学习的主动、自觉和兴趣，是较高水平的要求。

该学段使用到的行为动词在科学知识领域主要有："观察""描述"和"认识"。在科学探究方面，均使用"在教师指导下"能够如何实践。在科学态度方面，主要是"讲述""尝试"和"体会"。在科学、技术、社会与环境方面，主要是"了解"。

1-2　小学科学第二学段技术与设计领域学习标准

学习标准

1-2-1　第二学段水平Ⅰ

▶科学知识

(1)知道周围所有的生活用品都经历过设计和制造两个环节。

(2)学会使用简单的测量仪器，如温度计、弹簧测力计、量筒、酒精灯等。学会制作一些简单的模型。

(3)知道人们的生活和生产活动会对环境造成一定的危害。

▶科学探究

(1)提出问题：在教师的指导下，在工程与技术领域能勇敢提出问题及假设。

(2)制定计划：在教师的引导下，参与探究计划的制定。

(3)收集证据：在教师的引导下，能够运用感官和选择恰当的工具、仪器，观察事物的外部特征及现象，并进行描述。

(4)处理信息：在教师的引导下，能用合适的学科词汇、图示符号、统计图标等方式记录、整理信息，陈述证据和结果。

(5)得出结论：在教师的引导下，能够参与小组讨论，共商探究结论。

(6)表达交流：在教师的引导下，参与组内交流和组际交流，陈述自己的探究过程和结论。

(7)迁移应用：在教师的引导下，能应用所学，解决简单的实际问题。

(8)反思评价：能够较为合理地评价自己的探究方法、过程和结果。

▶科学态度

(1)探究兴趣：在科学课堂上，愿意参加到对工程与技术问题的观察、探究活动中。

(2)实事求是：能够相信科学探究中的事实。

(3)追求创新：愿意接受教师指导，使用多种材料、多样方法、多种思路完成探究活动。

(4)合作、分享：在课内外，愿意和同伴合作，承担探究任务；能够接纳他人观点，完善自己的探究活动。

1-2-2　第二学段水平Ⅱ

▶科学知识

(1)例举现代科技产品给个人的生活带来便利的同时，也会对环境造成一定的危害。

(2)学会使用简单的测量仪器，如温度计、弹簧测力计、量筒、酒精灯等。学会制作一些简单的模型。

▶科学探究

(1)提出问题：在教师的引导下，能积极主动地从工程与技术领域事物的观察、比较中，提出可探究的科学问题。

(2)制定计划：在教师的引导下，能够基于自己的知识、经验，提出对现象、问题的假设。

(3)收集证据：在教师的引导下，能够基于所学，制定简单的探究计划。

(4)处理信息：在教师的引导下，能够运用感官和选择恰当的工具、仪器，观察事物的外部特征及现象，并进行描述。

(5)得出结论:在教师的引导下,能用合适的学科词汇、图示符号、统计图标等方式记录、整理信息,陈述证据和结果。

(6)反思评价:在教师的引导下,能够参与小组讨论,共商探究结论。参与组内交流和组际交流,陈述自己的探究过程和结论。倾听他人意见,完善自己的认识。

(7)迁移应用:在教师的引导下,主动应用所学,解决实际问题。

(8)表达交流:在学习他人经验的基础上,反思自己的探究活动过程,并作合理的调整。

▶科学态度

(1)探究兴趣:能在好奇心的驱使下,表现出对工程与技术领域问题的观察、探究有兴趣,并能从中体验到快乐。

(2)实事求是:能够相信科学探究中的事实。

(3)追求创新:乐于运用多种材料、多样方法、多种思路完成探究活动、创新设计的实践活动,并能从中体会到创新的乐趣。

(4)合作、分享:能够主动与同伴合作,积极承担探究任务。探究中能够主动接纳同伴的观点,改进和完善自己的探究活动。

学习标准解读

在第二学段里,涉及技术与设计领域3科学概念里的6个认知点。

经过两年的学习,学生慢慢地接受着科学学习的方式、方法;逐步适应观察探究的过程;并已经意识到观察、探究需要记录;观察、探究的过程、结果需要和同伴交流、共享;开始关注生活中的科学问题。因此,在学业标准中也提出了一些相应的要求。

在科学知识领域,由第一学段的区别人造世界和自然世界,发展到能够"知道""描述"一些常见的工具;开始尝试用学到的科学知识解释一些工程与技术方面的科学原理。

在科学探究方面,开始尝试对工程与技术问题进行假设,并能在教师指导下设计探究计划。合作学习加强,交流汇报也需要完整表达。

在科学态度方面，证据意识也有加强。

该学段使用到的行为动词在科学知识领域主要有："例举""学会"等。在科学探究方面主要是强调"在教师引导下"完成探究实践活动。在科学态度方面主要是"体验"和"意识"。

1-3　小学科学第三学段技术与设计领域学习标准

学习标准

1-3-1　第三学段水平Ⅰ

▶科学知识

(1)知道我们周围的人工世界都是工程技术人员设计、制造出来的。

(2)能够区分天然材料和人造材料；认识显微镜等仪器；了解简单机械的原理和作用。

(3)知道工程技术的核心是设计，创新是设计的灵魂，每一项设计都需要不断地完善。

▶科学探究

(1)提出问题：在教师的引导下，能在工程与技术领域提出适合自己探究的科学问题。

(2)作出假设：在教师的引导下，就自己提出的科学探究问题，做出假设，并尝试说明假设的依据。

(3)制定计划：在教师的引导下，参与制定探究计划。

(4)收集证据：能够在教师的指导下，通过观察、实验等方法，完成信息的收集。

(5)处理信息：在教师的指导下，能够使用科学语言、概念图、统计表等方式记录整理信息。

(6)得出结论：在教师的指导下，运用分析、比较、推理、概括等方法得出科学探究的结论。

(7)表达交流:在教师的指导下,学习使用科学探究报告、科学小论文等形式呈现探究的过程和结果。

(8)迁移应用:在教师的指导下,运用所学知识解释简单的工程与技术领域的实际问题。

(9)反思评价:在教师的指导下,完成探究活动的反思和评价。

▶**科学态度**

(1)探究兴趣:能够在教师的引导下,参与工程与技术领域探究方案的制定和实施。

(2)实事求是:能够尊重事实。

(3)追求创新:在教师的引导下,能够从不同的角度提出探究问题的思路。

(4)合作、分享:能够参与小组讨论,愿意把自己的观念表达出来。

1-3-2　第三学段水平Ⅱ

▶**科学知识**

(1)列举说明,因为满足需要而不断改进对产品的设计和制造;愿意参与科技创新活动。

(2)学会正确使用显微镜等仪器;应用简单机械的原理,解释常见工具的作用。

(3)能够积极参与到创意设计的活动中。

▶**科学探究**

(1)提出问题:能基于小学阶段所学习的知识,从工程与技术领域涉及的具体仪器、工具等结构、功能以及相互关系等角度提出适合自己探究的科学问题。

(2)作出假设:能够就自己提出的科学探究问题,提出有针对性的假设,并能说明假设的依据。

(3)制定计划:具有初步的设计实验的能力,能够完成设计单一变量的实验方案。

(4)收集证据:初步掌握观察、实验、查阅资料等获取事物信息的方法;掌握顺序观察、对比观察和分步观察的方法。

(5)处理信息:初步具备使用科学语言、概念图、统计表等方式记录整理信息的能力。

(6)得出结论:能够分清现象、结果和结论;运用分析、比较、推理、概括等方法得出科学探究的结论。

(7)表达交流:能够采用科学探究报告、科学小论文等形式呈现探究的过程和结果,并具备基于证据质疑和评价他人探究报告的能力。

(8)迁移应用:基于所学知识,能够解释或解决一些实际问题。

(9)反思评价:能够在探究活动结束后,进行反思和调整,及时完成探究报告。

▶**科学态度**

(1)探究兴趣:表现出对工程与技术领域涉及的仪器、工具的结构、功能以及相互关系有兴趣。

(2)实事求是:在尊重事实的前提下,能够冷静地分析证据,并依据证据做出判断。

(3)追求创新:能够大胆质疑,具有创新的意识,积极参加创新实践活动。

(4)合作、分享:在讨论与交流中,能够表达自己的观点,并善于倾听和采纳他人的意见。

学习标准解读

在这个学段里,需要教师帮助学生认识技术与设计领域里 3 个主要概念里的 9 个知识点。

在这个学段里,学生在各个方面的能力都有所增强。因此,学科特性也明显增强,对知识的认识上,由中低年级的独立观察,发展到联系性、综合性研究。在科学探究上,体现学生的自主。具体体现在目标行为动词的选择上。在科学知识方面,强调“知道”“能够”和“解释”;在科学探究方面,强调“基于……能……”;在科学态度方面,强调“创新”;在科学、技术、社会与环境方面,强调“实践参与”。

2 小学科学技术与设计领域学习关键问题及指导

2-1 小学科学技术与设计领域教学策略浅识

问题呈现

“技术与设计”是小学生科学探究学习的四大主题之一，也是提升小学生科学实践能力的重要手段。

学习指导策略

▶小学科学技术与设计领域目标分析

按照新课程标准的“课程内容”解说，结合小学生科学学习的特点和需求加以分析，小学科学技术与设计教学的三维总体目标可以设计为：

(1)通过学习，知道我们所使用的工具和仪器都是设计的产物，利用这些工具和仪器能更好地了解世界并进行新的设计。

(2)初步学会综合运用知识和经验进行简单的设计和制作，以提高解决工程领域的简单实际问题的能力。

(3)通过学习，逐步发展对工程与技术学习的兴趣，初步体会人类在工程与技术领域的认识过程。体会到科学技术对个人生活、社会发展的影响。

▶小学科学课程工程与技术领域课程类型检索

小学科学课程中的“工程与技术”类课程资源散落在各个学科知识领域，现以教科版教材为例进行检索。

(1)应用类“工程与技术”课程：这类课程的主旨是引导学生在使用技术设计产品(实物、模型或系统)的过程中，感悟技术与设计的重要性以及技术和设计的产生与发展过程。例如，《温度计》《酒精灯的使用》《测力计》《轴承》《运动和设计》《使用工具》《自行车上的简单机械》《放大镜》《用显微镜观察》《找拱形》等。

(2)原理学习型“工程与技术”课程:这类课程的教学主旨是引导学生对技术产品的结构和功能的探究来发现其中的科学概念、原理、规律,帮助学生初步理解科学与技术、技术与社会的关系。例如《杠杆的科学》《杠杆类工具的研究》《轮轴的秘密》《斜面》《抵抗弯曲》《做框架》等。

(3)制作型“工程与技术”课程:这类课程的教学主旨是引导学生通过一定的设计来制成某个具有特定结构、功能和原理的技术产品,以加深对相关科学知识的理解。例如,《做一个生态瓶》《制作电路检测器》《做个小开关》《我的水钟》《做个太阳能热水器》《制作摆》《制作日晷》等。

▶小学科学课程工程与技术领域课程教学策略分享

(1)应用类“工程与技术”课程:这类课程突出了学生从规则执行者向规则创造者转变的过程,弱化了教师传授者的地位,其教学流程主要经历“技术呈现”“自主尝试”“质疑解难”“规则制定”“技术运用”五个阶段。

“技术呈现”阶段,教师应该为学生提供某种技术工具的使用场景,或者提供暗含结构、功能、原理的技术工具。比如,在《测力计》教学中,首先呈现生活中广泛存在的各种“力”及其大小,来引起学生对利用测力工具来测量各种“力”的兴趣。这种教学切入方法将技术工具的功能维度隐含在真实情境中,并通过后续探究向技术工具的结构维度和原理维度延展。

“自主尝试”阶段,教师应该在充分考虑技术工具的使用安全前提下,让学生自行观察技术工具的结构特点,并利用特定的技术工具来尝试解决简单的活动任务。使用安全涉及对工具各结构的保护、对自身生理上的保护两个方面。在此阶段,教师要鼓励学生收集操作过程中的各种经验,发现存在的问题。例如使用“温度计”前,需要指导学生认真观察“温度计”的构造。

“质疑解难”阶段,教师应该引导学生充分交流各自的活动所得,鼓励他们用自己的活动经验来解答同伴提出的相关问题。在此阶段,首先应该听取学生在技术工具的观察和使用中遇到的问题和困惑,并通过质疑或相互解答让学生自行解决疑惑。然后逐步引导学生理清技术工具的结构、功能与原理之间的关系。

“规则制定”阶段,教师应该引导学生根据自己的操作经验来确立技术工具的使用规则，而不是教师传授规则、学生执行规则。

“技术运用”阶段，教师应该引导学生利用自行制定的使用规则来解决简单而真实的任务，并以此来提升他们对技术工具的运用能力，加深对技术设计的理解。在此阶段，教师需要对学生的技术动作做出评价与矫正。如有必要，可以将其中的某个技术动作单独呈现出来进行修正。最后，教师还需要对包括规则、方法、态度在内的整个过程进行总结提升，并布置相关的课外探究活动。

(2)原理学习型“工程与技术”课程：这类课型的教学突出了学生对技术产品的结构、原理、功能之间的关系建构，对科学、设计、技术、生活互为促进关系的理解。其教学流程主要经历“技术情境”“结构分析”“功能探究”“原理呈现”“应用提升”五个阶段。

“技术情境”阶段，创设情境，蕴含原理和作用。比如，认识《轮轴》一课，在情境阶段就可以出示“辘轳提水”的场景，提问利用“辘轳”为什么能够轻松提起一桶水？把学生带到需要认识“辘轳”的情境中。

“结构分析”阶段，教师应该引导学生获得关于某种技术产品的设计结构以及这些结构的主要观察特征。结构分析可以从产品造型上入手，比如分析辘轳的构成材料、结构形态，引导学生了解“轮轴”的结构。

“功能探究”阶段，教师应该引导学生利用探究实验来考察技术产品的结构和功能之间的关系。指导过程类似于“变量控制实验”，首先引导学生对产品结构进行功能猜想，然后引导学生就“使用此种结构是否能达到预期功能”进行对比实验的设计与检验，最后引导学生对各种探究证据进行整理，了解这些证据是否能支持原有的猜想。

“原理呈现”阶段，教师应该引导学生利用探究得来的信息、数据等进行分析比较，得出机械(工具)的工作原理。

“应用提升”阶段，教师应该引导学生应用新获得的关于技术产品结构、功能、原理及其关系的认识，来解决各种技术设计问题。回归生活，寻找生活中应用的同类机械(技术)，解释这类技术的原理。

(3)制作型“工程与技术”课程：这类课程的教学，突出了学生对“原型”的结构、原理、功能认知的迁移和转化，并通过产品的制作和效能的检验来深化他们对技术设计相关概念的理解。其教学流程主要经历“原型启发”“产品设计”“产品制作”“效能评价”四个阶段。

“原型启发”阶段，教师应该引导学生充分解读技术产品的结构、功能或原理。教师通常创设某种暗含技术设计的活动情境或问题情境，引发学生的探究需求。然后提供与所要设计的技术产品相似的实物或相关资料（即“原型”），引导学生就“原型”的结构、功能或原理进行分析。最后帮助学生建立产品结构和功能之间的联系，以便他们能将对产品的结构和功能的认知迁移转化到新设计中。比如制作“水钟”，教师需要先使用图片等资料，介绍“受水型”水钟和“泄水型”水钟的结构和原理，然后提出“利用矿泉水瓶”为原料制作“水钟”的要求。

“产品设计”阶段，教师应该引导学生将“原型”中的结构、功能或原理迁移到新设计中。学生首先根据设计任务和拟定的标准，结合“原型”的结构、功能、原理及其关联和其他限制（比如时间、材料、成本、外观等）提出构想，并将构想初步转化为图文形式的方案（包括所需材料、产品图样、制作过程等）。设计完成后，对设计方案进行交流和评价，就设计中的明显缺陷提出修改建议。

“产品制作”阶段，教师应该引导学生根据设计方案来完成技术产品的制作过程。产品的制作活动可以在课堂中完成，周期较长或难度较大的制作活动可以在课外完成或寻求家长帮助。产品初步制成后，学生可以将自制的技术产品放置在工作环境中，观察它是否达成了既定的功能和要求，以便及时做出修正。

“效能评价”阶段，教师应该引导学生对自制产品的结构和功能进行评判，并反思自己的产品设计和制作过程。首先是在公平环境下展示产品的效能；其次是根据展示结果对产品效能（包括结构是否满足设计标准、功能是否实现设计标准）以及制作经验进行交流评价；最后是对产品效能作出总体而客观评价，并引导学生查摆问题，提出改进建议。最终目的是让学生根据所学在实践中加以应用。

2-2 实验探究型课堂的若干关注点

问题呈现

“新课改”强调科学课的学习要以探究为核心。这里的探究是指学生构建知识,形成科学概念,领悟科学研究方法的各种活动,而非科学家们用来研究自然界并根据研究所获得事实、证据作出解释的各种方式。

用心翻一翻中小学科学教材,我们会发现,科学探究课型有如下四种情况:①“提问式”探究:老师操作一种材料,向学生提出一种现象,让学生研究后得出一种结论来。②“发现式”探究:一是纯粹的发现,如《玩磁铁》,让学生在玩的过程中发现磁铁的一些性质;二是指导下的发现,当我们希望所有的学生都具备某种经验时,可以采用指导学生发现法。③实验式探究:这是我们大家普遍认可的科学探究。包括提问、假设、实验验证、解释、结论等基本环节。④“研究式”探究:它有一定的程序,也要搜集数据,但没有假设,也没有变量,比如观察“月相的变化”“阳光下物体影子的变化”等。因此,明确探究课堂的观察对象和观察任务是教师专业发展的有效策略之一。

学习指导策略

对于探究课型,我们有哪些关注面呢?大概可以分为两大块:一是操作过程;二是课堂效率。

▶操作过程

关于操作过程我们可以从两个环节来关注。

第一,情境的创设(新课的导入)。

这个环节很重要,头开好了,教学进程就会很顺畅;头开得不好,就要绕弯子,占用我们宝贵的课堂时间,也会影响到学生的情绪,执教者心理也会发生一些变化,特别是在一些“观摩课”“公开课”“比赛课”上,课头开得好坏,往往关乎着你的成败。

我们通常使用的方式主要有：谈话法（提问式），日常教学中使用最多。要求用简洁的谈话或提问的内容与本课探究的问题要关系紧密。实验或游戏法，比如三年级《比较材料的柔韧性》一课可以这样来创设情境，在讲台边缘放两只瓶子，一个是塑料的，一个是玻璃的，然后“一不小心”把它们碰落到地上，结果是玻璃瓶子摔碎了，塑料瓶子滚落到很远的地方，完好无损，如此导入，效果良好。使用这种方法，要求操作简便，现象明显，且能暗示需要探究的问题。使用多媒体，这种方式要求能紧密围绕探究的问题选材，铺设要合理，使问题的提出水到渠成。

其他：如演示、讲故事、使用图片、引用新闻资料等也可以用来创设情境。

第二，探究的经历。

这是一节课的中心环节。在这个环节里，我们可以从六个方面来观察执教者如何执导学生的科学探究。

（1）探究问题的提出：要求是问题提得自然，不唐突。最好是在教师创设的情境中，由学生把要探究的问题提出来。

（2）对问题的假设：假设要有依据（因为这是设计实验的基础）。

（3）设计实验：①问计于学生。②推出为学生准备好的器材，讨论怎么利用这些器材来完成今天的实验。在讨论后的交流中逐步完善实验设计。在没有实施新课改之前，是没有让学生讨论与交流这个环节的，通常的做法是由老师介绍器材后，直接下达实验操作定义。③下达操作定义。④实验注意事项。这个步骤不能忽视。比如当我们执教《运动与摩擦力》这一课时，指导学生测量摩擦力，要特别注意学生读数的时机，因为这牵涉到最大静摩擦和运动摩擦的问题。指导学生用木块的哪个面，因为这牵涉两个物体接触面大小的问题。这些细节你注意不到，就会影响到你的搜集数据的科学性问题。

（4）收集证据：学生收集的证据必须是针对探究问题的。必须要尊重事实，不能涂改。如果是中学生对前一个要求是不成问题的，但小学生的话就要求教师在巡视时加以指点。对于后一个要求，在中学生那里都有可能会出现问题。要教育学生尊重证据，不要涂改。在怀疑收集到的证据时，可以重新收集。在观摩公开课上，我们会经常遇到这样的场景，而我们的执教老师为了赶进度，往往都会忽略掉，而直接采信自己需要的证据。这样，科学课的科学性就会打折扣。

(5)解释：必须是学生用自己的证据来解释自己的假设，教师不能代替。这是一节课里最容易出彩的环节。

(6)探究结论：解释的是假设，而不是结论。要得出结论，我们还必须对探究的问题进行总结。虽然在实践操作中解释与结论几乎同时完成，但执教者必须心中有数，把握好关系，不能出现科学性错误。值得注意的是，在以探究为中心的课堂上，结论的出现是不能由老师说了算，要让学生自己总结得出。

一般来说，科学探究到得出一个科学合理的结论之后，科学探究就算完成了，执教者往往都喜欢在后面加上一段拓展和应用。我要讲的是，这个部分加得好，确实有展示的功效。但如果时间已经很紧迫，有可能出现拖堂，你还去加一段拓展，就没有必要了。

▶关注课堂效率

课堂效率是不能够用数学上的百分比来描述的，但也有可关注的方面。

(1)教学调控技能：对学生的信息是否能及时反馈，有效纠偏。比如《摩擦力》这一课，如果学生把影响摩擦力大小的因素说成是“用力的大小”，这在描述上出现了偏差，我们就需要进行引导和纠正，千万不能无视。

(2)环节调控技能：准确把握课堂节奏，不拖沓，不绕弯。

(3)教师素质：教师素质对课堂效率的影响很大。对课堂效率影响较大的素质主要有以下几个方面：①教态，包括执教者的肢体运动(肢体语言)、面部表情，甚至在教室里的走动路线。我个人觉得教态一定要自然亲切，不要做得太夸张。在小学里，有些老师上课就像在表演，搞得很夸张，热闹，这样没必要。②语言，要温和，表达要贴切。③理科教师的基本技能，各种教学手段的熟练程度。包括演示实验、使用标本、挂图、模型、多媒体、板书等。

(4)学生的参与状态:课堂上不能出现脱教现象。

(5)思维状态:我们可以从以下两个方面去观察。①学生对老师提出的问题能否多角度地去思考;②学生是否是用自己的方式记录、表达自己的观察、研究与发现。

(6)情绪状态:①探究有序,秩序井然。②学生情感表露自然,课堂气氛不沉闷。③学生要有适度的紧张感,也要有问题解决后的愉悦感。这就要求我们在安排内容时难易适度。

(7)信息反馈:正确率要高。执教者要考虑设计怎么展示教学效果(学生回答问题的正确率和思考问题的深度)。

2-3 关注科学学习的过程性评价

问题呈现

《义务教育小学科学(3—6)年级课程标准》实验全稿以及《小学科学课程标准(征求意见稿)》中都明确提出“评价”的目标、内容和方法,都把“评价”贯穿于科学课程的学习活动的全过程。明确地把评价分成“备课前的评价”“教学过程中的评价”和“学业成就评价”三个部分。掌握“过程性评价”的方式方法是科学教师完成教学的必备技能。

学习指导策略

在北京师范大学的一次培训中,获得了这样一个资源。这个教学资源,需要用时两个月的时间来完成。开始时,大家都蒙了,不知道这要干什么?后来,在教授的引导下,慢慢地了解了,这是一个制作“水火箭”的科学实践活动。

活动的核心内容就是让小学生们用废弃的汽水瓶子做成一个火箭模型,然后用打气筒往装了水的瓶子里打气,瓶内气压逐渐升高,最后火箭就发射出去了。这其中的科学道理并不复杂,很适合四、五年级的学生。

在让学生了解完水火箭的基本原理后，教师便给学生们人手分发一小册“活动指南”。还把小学生们 4 人分为一组，这 4 个人在组里扮演不同角色，有统筹规划的项目经理、有专管财务的会计师、有图纸设计师、还有新闻发言人。

每个人除了有一本“活动指南”，还有个小笔记本，有用来记账的。有记采购顺序的、有记录水火箭设计图纸的。总之，每个角色都得开口说、动手做，小学生们还得把自己的每一步经历或者打算做的事情都记录下来。每个星期，学生们有两个小时来集中完成这样的活动，而且每个星期都要写一篇小短文来记录和反思当天的项目进程。此外，每组都会得到 1000 元的虚拟币。由于每个组的设计方案都不同，所以他们有了预算后，就得到不同的老师那里去“购买”制作“水火箭”的材料，比如汽水瓶子(400 虚拟币)、易拉罐(200 虚拟币)、胶带(每 50 厘米 100 元虚拟币)等。在这个购买过程中，除了“正规”的采购点外，还设立了“黑市”，学生们可以用更高的价格买到一些质量更好的或者紧缺的“洋货”。如何最好地安排手里有限的资金来完成设计师所想要达到的结果，成了学生们津津乐道的话题。

这课程里，重点放在了哪里？要放在学生完成实践活动的过程上。评价的要义已经不是某个知识点学生掌握得怎么样，而是在完成学习的过程中，都做了什么，怎么做的。这并没有统一的答案和量化的标准。

▶过程性评价的特征

其一，关注学习过程。学生在学习的过程中会采取不同的学习方式，不同的学习方式又会导致不同的学习结果。现有的评价方法与评价工具更多地侧重于对表层式学习方式所产生的学习结果的评价与测量，对于那些由深层式学习方式所带来的学习结果要么不予关注，要么无法评价，因而形成了一个评价的死角。这是导致学生采用表层式或者成就式学习方式进行学习的一个重要因素。其结果是形成一个“表层(成就)式学习方式——低层次学习结果——表层(成就)式学习方式”的恶性循环。过程性评价却恰恰关注学生学习过程的学习方式，通过对于学习方式的评价，将学生的学习方式引导到深层式的方向上来。所以过程性评价很好地填补了上述的评价死角。比如，过程性评价中的学生自评、互评的方法，可以使学生逐步把握正确的学习方式，树立正确的学习目标，掌握适合自己的学习策略，从而真正提高学习的质量与效果。其结果是形成“深层式学习方式——高层次学习结果——深层式学习方式”的良性互动。

其二，重视非预期结果。学生的学习过程是丰富多样的，不同的学生会有不同的学习经历，从而产生不同的学习结果。传统的由“目标”导向的学业评价，将评价的目标框定在教育者认为重要的、十分有限的范围内，这种做法使得很多有价值的教育目标被忽视，评价导向的积极作用被削弱。过程性评价则将评价的视野投向学生的整个学习经验领域，认为凡是有价值的学习结果都应当得到评价的肯定，而不管这些学习结果是否在预定的目标范围内。其结果是，学生的学习积极性大大提高。这正是现代教学所期待的最终目标。

▶过程性评价的分类

(1)依据评价主体划分，可以将过程性评价分为学生自评、同学互评和教师点评三类。

过程性评价中的学生自评、同学互评，是指在一个阶段的学习结束时，学生对于自己和他人在学习过程中的学习方法、学习态度进行自我反思、相互评价。教师点评则是对学生自评、互评过程中表现出来的突出的事例进行的引导性评价。

(2)依据评价层次来划分，可以分为教师对小组的评价和小组对于个人的评价。

这样的评价方式是在教学的过程中进行的“嵌入式”过程性评价，通常采用竞赛的方式来进行。比如，先将全班分为若干个学习小组，或者利用原来的自然分组将学生划分为不同的“学习共同体”。教师事前明确竞赛规则，如各个小组在课堂上提出问题、回答问题的次数、质量，如何记录、如何评定；各小组课堂表现情况的汇总办法；模块或者学期结束时的评定与奖励办法等。在这种两层级的评价过程中，教师只评定到小组，最后在一个阶段学习结束时，通过小组内部的同学互评的方式再评定到学生个人。其特点是：教师没有太重的评价负担，符合我国大班教学的实际。另外，由于采用竞赛的方式进行，学生参与的积极性也较高，有利于增强课堂教学的效果。实施这类评价应当注意的问题是：评价的频度要适当，否则记录负担过重，影响学生的学习。

(3)依据评价的规范程度来划分，可以分为程序式评价与随机式评价。

程序式过程性评价通常指在一个学习阶段结束时，由教师组织的旨在反思与评定学生的学习过程的评价。随机式评价则没有相对固定的时间、地点与完整的评价程序。它通常是在教学的过程中进行的，不作评价记录，其结果也不用作对于学生进行总体评价的依据。教师在课堂中对于学生表现的一句表扬或批评、一种肯定或否定，甚至一个眼神、一个动作，都引导着学生的学习与思考，规范着学生的学习行为与学习方式。所以，随机式评价是与教学融为一体的。

(4)依据具体的评价方式来划分，可以有轶事记录、课堂观察、成长记录、个别交流、态度调查、辩论演讲、作文(科学童话、科幻故事等)比赛、模型制作等。

由于任何一种评价方法与评价工具都不能完全评价出一个学生的全部素质与能力，各种评价方式对学生的评价视角又各不相同，所以对于学生学习的过程性评价，应当尽可能地将各种方法结合起来使用。

▶过程性评价的方式和工具

(1)评价方式：个人评价、小组评价、教师评价。

所谓"小组评价"，是指在规定的时间内，以学生学习小组为单位，以一定的评价程序和评价标准来实施的相对正式的过程性学业评价。

基本程序：

①被评价同学的自我陈述(一般不超过 5 分钟)；

②被评价同学展示自己的学习成果；

③同组同学依据评价表所列各项评价内容评议该同学，并提出学习建议；

④整理评议内容，抄写在评价表上(可以在所有的同学评议完以后再抄写)；

⑤小组同学根据评价情况，从"情感态度价值观""过程与方法""学习成果"三个方面分别给该生评定一个等级成绩；

⑥小组长综合小组同学意见，确定该同学的最后评定等级。

组织评价前，教师要具体指导。在时间允许的情况下，小组评价之后，还要有教师组织的评价小结。主要总结小组评价中一些好的事例与做法。比如，好的学习经验、好的评价方法等。这样可以引起学生对于过程性评价的重视，从而认真对待过程性评价，并从中学会评价。

我们可以把学生在科学课学习过程中的所有依据都容纳到小组评价中(包括纸笔测试成绩、过程性记录表、学科档案袋等)。

(2)评价工具。

①教师评价语：我们不妨狭义地理解为"教师课堂评价语"。这是不需要作为终评依据的，但他是贯彻于我们的整个教学过程中的。是依附于课堂教学过程中师生之间的互动。

②课堂观察：课堂观察是较为常用的一种评价方法。它是通过感官和一定的技术手段对学生进行有目的、有计划的观察。课堂观察的内容一般包括学生在课堂上学习什么、怎样学习、学习效果怎样。具体讲，就是两个方面，即学生学习行为和学生学习状态。

③学科档案袋(记录袋):档案袋,是诞生于20世纪80年代美国的教育实践,20年之后,随着“多元智能”一起进入中国大陆。2002年底颁布《教育部关于推进中小学评价与考试制度改革的通知》明确要求学校和教师要“建立每个学生的成长记录”,并指出,“高中录取标准除了考试成绩以外,可试行参考学生成长记录等其他资料,综合评价进行录取”。这个要求后来就演变成了现在的综合素质测评。

成长档案袋依据不同的评价目的,有不同的分类。

成果性成长记录袋:内容以学生的最佳学习作品为主。(学生个人的综合使用)

过程性成长记录袋:收集的是学生的过程性作品。(学科使用)

评估性成长记录袋:一般用于班级、校际间交流、展示。

科学学科记录袋收集的内容可以是:学习计划、目标;优秀的专业,试卷;探究实验的记录;科学报告,科技作品,证书等。

▶过程性评价呈现——评价表

一般来说,编制一份过程性评价量表,应该注意以下几点:

(1)评价的内容以模块测验中无法评价的内容为主,即主要评价学生的学习过程、学习方法与学习态度;

(2)评价的主体兼顾教师、学生个人与同伴;

(3)评价的方式分为等级评定、资料呈现与文字描述;

(4)评价目标力求明确。

我们现在的评价采用等级制,分为优、良、合格、待合格。

如果我们真的能在过程性评价上动点脑子,那么呈现给学生的成绩报告单应该是个什么样子。我想,应该包括如下四个方面的内容:

教育检测;学习行为;学习状态;亮点表现。

教育检测包含每次书面考核成绩;学习行为包含习惯、听课、认知、自主与自律;学习状态包含学习思维、学习参与、课堂情绪;而亮点表现则是该学生是否在学习过程中展现出让人眼前一亮的行为。

评价主体应该有学生自评、小组互评和教师点评。除此之外,评价项目里还应该有一个栏目留给家长。

××学科评价报告

评价项目		自评	互评	教师点评	家长回应
教育检测					
学习行为	习惯				
	听课				
	认知				
学习状态					
亮点表现					

作为一种过程性评价的工具，过程性评价表具有提供评价依据与记录载体的重要功能。它使得过程性评价成为一种正式的、有影响力、有约束力的学生自我评价和同学互评的方法。这种评价行为，为学生提供了自我评价和同学互评的环境与氛围，从而为帮助学生学会评价创造了有利条件。但作为一种评价工具，过程性评价表也有其不足，主要表现在表中所列的评价目标难以把握，若评价目标太多，会增加评价负担；而评价目标太少，又会影响评价的全面性与公正性。

（2015 年合肥市科学教师继续教育培训讲稿）

3 小学科学技术与设计领域学习课例研究

3-1 为探究搭建台阶 把学生引上来

——《拱形的力量》的教学

课例展示

【背景分析】

新课程标准中明确提出,科学课程要以探究为核心。探究既是科学学习的内容,更是科学学习的方法。经过多轮的培训和多年实践,探究的理念已经深入到科学教师的心田,并且已经在课堂教学中加以运用。但在现实的观课中,我们仍然发现课堂探究的效率很低,甚至是无效。时常出现课堂无序,乱哄哄的一片“热闹”景象。如何让学生深入思考,让学生的思维卷入探究中,是一线科学教师必须思考的现实问题。也就是说,需要用设计,搭建台阶,引领学生有序地操作、观察,真正地体现探究学习的作用。

【情境与描述】

《拱形的力量》是教科版科学教科书六年级上册第二单元的第三课,学生通过前面两课的学习已初步了解改变材料的厚度和形状会增强抗弯曲能力。在本课中,提出了一种新的形状——拱形。拱形结构是一类很重要的结构,应用广泛。拱形结构又叫推力结构,它的特点是把受到的压力分解成向下的压力和向外的推力,是所有结构中唯一产生外推力的结构。研究拱形的承重特点更具趣味性和挑战性。教材精心设计了几个体验和实验活动,让学生了解到拱形的结构特点是把受到的压力分解成向下和向外的推力,通过提出问题——尝试——总结经验——改进实验——再尝试,在获得成功的探究过程中找到拱形承受巨大压力的原因,认识拱形受力的特点。

1. 创设情境,巧现问题

在本课之前,学生已经了解了改变材料的厚度和材料的形状都可以增强材料的抗弯曲能力。只要创设一个问题的情境,就可以把学生的注意力聚焦到“桥面”形状的改变与抗弯曲能力的研究上来,进而引出“拱桥”的概念来。

师:(出示一张纸)看老师手中的这张纸。(把它平放着,用手托住纸的两端将纸平放在两手之间,纸塌下去了)它连自身的重量都承受不起,这样柔软无力的纸你能用什么办法让它至少能承受自身重量不塌下去吗?

(让学生回顾学习过的相关知识)

师:在不增加材料的前提下,我们已经知道了可以通过改变纸的形状,可以使纸的承重能力发生变化(出示几种形状)。师将纸片弯成拱形,这是不是也叫改变形状呢?

2. 借势揭题,认识拱形

师:(讲述)今天我们就来研究这种形状的承受力。(板书:拱形的力量)

刚刚我们看到的这个拱形,为了方便大家交流,我们先来了解一下拱形的构造。

教师板画:

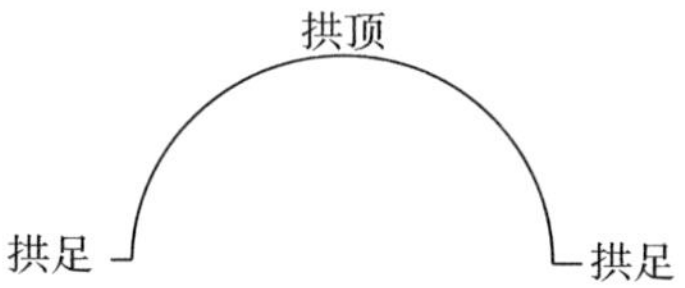

师:这是一个拱形,那么拱形的这个最高处,它的顶端,我们可以把它称为什么?(板书:拱顶)拱形的下面,有两个和地面接触的地方,我们可以把它叫做拱足。(板书:拱足)是不是像两只脚一样?那么在两个拱足之间有一段距离,这一段距离我们可以称为?——我们可以把它称为跨度。(板书:跨度)一般桥梁它有一定的跨度。那么了解了拱形的构造以后,接下来我们要研究拱形,我们来制作一个拱形。

(学生实践:制作拱形。)

3. 实验观察,认识拱形的形变特点

实验一:使用一张纸,做一个纸拱(跨度 10 厘米),试试它能承受多大的重量。(多媒体出示)

师:你的材料为一张纸,一些垫圈,你的方法?

(生:学生稍加议论后,将纸做成拱形,用垫圈测试它能承受多大的压力。)

（生：操作。）

师：（巡视后问）在拱形受压的过程中，拱形发生了什么变化？

生：压上垫圈后，拱足散开了。

师：你能用图示表达自己的发现吗？

（生：板画。）

示意图：

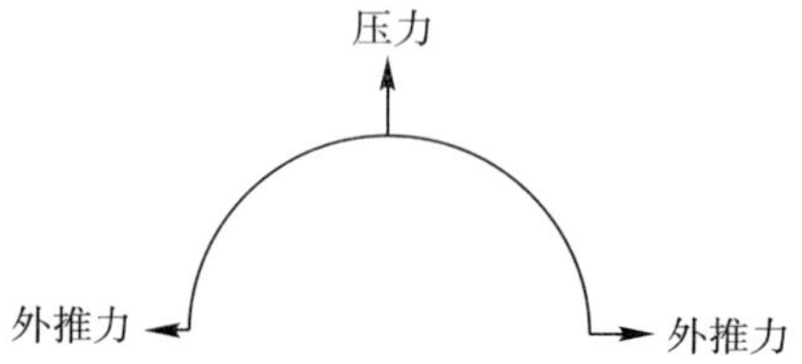

师：也就是说，拱形受压时，可以将受到的压力分解为向下的压力和向两边的外推力。（补充学生的板画，压力、外推力）

4. 借势达阶，推进探究

师：要使拱能多承受点压力，我们该怎么办？

生：（迟疑片刻）在拱足的两端各放一本书，将拱足抵住，这样就抵消了它向两边的外推力，拱就可以承受更多垫圈的重量。

实验二：测试在拱足的两端各放一本书时，纸拱（跨度10厘米）的承重能力（多媒体出示）

师：在拱足两端各放一本书，抵住拱足。测量这样的拱能承受多大的重量。

（生：学生再次卷入实验）

师：你们的纸拱承载能力有多大？

学生：（汇报数据）略。

5. 追问推进，探究深入

师：在实验中，随着压力的不断增大，你们发现纸拱有什么变化？

生：靠近书本低着的地方变形了。

师：怎样才能使纸拱承受更大的压力？

生：多用几本书抵住纸拱，可能使纸拱承受更大的压力。

实验三：多用几本书抵住纸拱，测试纸拱（跨度 10 厘米）的承重能力

（学生实验：略。）

（教师再组织交流。）

师：在上述的 3 个实验中，我们是如何增大纸拱的受压能力的？

生：用书抵住拱足。

师：为什么我们抵住拱足，纸拱就可以承受那么大的压力？

（生：小组议论。）

生：拱形受压会产生向外推的力，抵住拱足就等于抵住了这个力，拱就能承载更大的重量。

6. 拓展实践，深化认知

师：现在，人们利用小块的砖、石材也可以建造很大很坚固的拱桥，像这样，出示泥质的拱桥，为什么它也能承受较大的压力呢？你们也来试一试！

（生：搭建泥块拱桥。）

生：拱形承载重量时，能把压力向下、向外传递给相邻的部分，拱形各部分相互挤压，结合得更加紧密。拱形受压会产生一向外推的力，抵住拱足就等于抵住了这个力，拱就能承载能大的重量。

【问题与讨论】

六年级的学生具有一定是思考能力，也具备了一定的实践操作能力，这样我们能够通过设计，聚焦问题，引领得当，学生的探究就会有效。就本课而言，由于设计贴近学生，贴近生活，学生的每一步探究都有具体的目标，大家都明确自己在做什么，为什么这么做，所以参与度也会高。

学生能够边实验边思考，逐步深入地研究一个问题，能根据观察到的拱形产生的形变来推想它受力的状况。学生在实验探究活动中，如何进行实验，如何分工合作，如何处理数据，实验中出现与探究课题不同或与生活常识有矛盾的问题，应如何对待，也需在实验探究过程中引导学生正确处理，并鼓励学生大胆尝试。培养学生实验动手能力的方法，一是让学生在实际操作中逐渐提高；二是教师在实验过程中给予恰当指导。

【诠释与研究】

当你的设计靠近学生原有的逻辑思维能力与学习水平，学生的学习才会变得真实。这样学习的内容才有可能被真正地理解和接收。本课案中，由于教师的设计阶梯层状明显，学生在教师的问题引导下逐步探究，学生的积极性被调动了，“被学习”现象消除了。他们通过自己操作，发现问题，提出问题，解决问题。学习主人翁得到体现。所以，在小学科学课堂上，教师需要搭建适当的台阶，并把学生引上这个台阶，并不断“增垫”，以此促进学生探究能力的发展。

【评议与反思】

（这是一位教师在观看视频后的评议。）

在最近一段时间的科学学科教研活动中，我们看了几节优秀的科学课录像。总体来说这几节课都有一个共同的特点，没有花哨的教学手段和教学形式，有的是扎实的教学基本功，灵活的课堂应授能力。

就朱家礼老师的《拱形的力量》一课来说，初看课堂，简短的导语，老师朴实的教态，说实话，我感觉有点平淡，导言不应该是最精彩的吗？不应该是挑起课堂学习气氛，激发学生好奇心的吗？可是这节课就仅用一张纸开头，只是让学生把纸折成可以承受的形状。几句话，一点要求就带过了。本以为这节课播错了，觉得这应该是课堂中的过度部分，不过既然已经看了开头，就硬着头皮继续看吧。

没想到越看越有意思，甚至到最后已经注意不到音箱中的噪音了。朱老师首先讲了拱形的结构。学生们在了解拱形的基础上，利用拱形来承重。朱老师让学生动手试一试纸做成的拱形能承受什么样的重量，把学生引到拱形能承受的范围里，并且了解拱形到了承重的极限时会发生什么现象。这时拱足的外推力，进入了学生们的视线。这时老师不失时机引导，“如何才能让拱形承受更大的压力而不发生形变呢”？学生自然而然地想到了用物体抵住外推力，拱形的承受能力就会更大！这种有根据的猜测把学生的知识和能力又更深一步引入了拱形的力量的范围。

接下来又让学生动手实验，填写实验报告。实际上课到这里，不需要老师讲什么，学生们在实验过程中就可以体会到拱形力量来自于哪里？看到他们汇报的时候，我就知道这节课成功了！

整个课堂看起来平淡无奇，但是却在知识和能力上步步深入，学生在教师的带领下自主完成了学习内容。看过这节课，我会有一种意犹未尽的感觉，一节好课就应该是循循善诱，润物细无声的。

课例透析

正如这位同行所言，整节课看似平淡，但却步步深入，课前设计的目标实现非常充分。反复研讨之后，我们觉得在学生探究的问题选择上还应该更加开放，学生也可以研究自己觉得可能影响拱形承重能力的因素，比如，跨度的大小变化等。在课堂上尊重学生的发现，尊重学生的问题选择，课堂会显得更灵动。

参考文献

[1] 中华人民共和国,全日制义务教育科学(三至六年级)课程标准(实验稿)北京师范大学出版社.

[2] 中华人民共和国,义务教育小学科学课程标准(征求意见稿).

[3] 郁波等.小学科学(三至六年级)教科版教材,教育科学出版社.

[4] 郭永贤著:课堂学习研究概论.安徽:安徽教育出版社.

[5] 文丰玉主编:小学科学教学课例研究.北京:科学出版社.

[6] 杨宏丽主编:学习评价的技能与工具.长春:东北师范大学出版社.

[7] 严先元编著:学习设计与学习方式.长春:东北师范大学出版社.

[8] 张军霞.对小学生命科学领域教学类型的探讨.载《科学课》,2013 年第二期,第 8 页.